채현기 글 | 이경석 그림

사□계절

과학 기술

1. 유전자 복제 6 | 2. 뇌 과학 7 | 3. 재생 에너지 8 | 4. 유전자 변형 9
5. 원자력 발전 10 | 6. 인공 지능 11 | 7. 바이러스 12 | 8. 코로나19 13
9. 드론 14 | 10. 환경 호르몬 15 | 11. 전기 자동차 16 | 12. 로봇 17 | 13. 과학 수사 18
14. 역학 조사 19 | 15. 원격 의료 20 | 16. 생체 인식 21 | 17. 백신 22

IT

18. 클라우드 24 | 19. 스트리밍 25 | 20. 해시태그 26 | 21. 인터넷 보안 27 | 22. 해커 28
23. 바코드와 QR코드 29 | 24. SNS 30 | 25. 소셜 미디어 마케팅 31 | 26. 빅데이터 32
27. 사이버 범죄 33 | 28. 디지털 포렌식 34 | 29. 스타트업 35 | 30. 사물 인터넷 36

역사

31. 대한민국 임시 정부 38 | 32. 4·19 혁명 39 | 33. 5·18 광주 민주화 운동 40
34. 동북공정 41 | 35. 일제 강제 동원 42 | 36. 일본군 '위안부' 43 | 37. 야스쿠니 신사 참배 44

인물

38. 손정의 46 | 39. 마윈 47 | 40. 일론 머스크 48 | 41. 시진핑 49
42. 앙겔라 메르켈 50 | 43. 문재인 51 | 44. 기시다 후미오 52 | 45. 김대중 53
46. 조수미 54 | 47. 스티브 잡스 55 | 48. 김연아 56 | 49. 백남준 57
50. 마크 저커버그 58

종교

51. 불교 60 | 52. 천주교 61 | 53. 개신교 62 | 54. 이슬람교 63

환경

55. 지구 온난화 66 | 56. 미세 먼지 67 | 57. 해양 오염 68 | 58. 지진 해일 69
59. 지진 70 | 60. 화산 71 | 61. 교토 의정서 72 | 62. 미세 플라스틱 73

문화·예술

63. 공상 과학 소설 76 | 64. 세계 유산 77 | 65. 노벨상 78 | 66. 풍속화 79
67. 희곡 80 | 68. 탈놀이 81 | 69. 국악 82 | 70. 클래식 83 | 71. 오페라 84
72. 웹툰 85 | 73. 아카데미상 86 | 74. 베네치아 비엔날레 87 | 75. 광주 비엔날레 88
76. 칸 영화제 89 | 77. 빌보드 90 | 78. 써클 차트 91

국제

79. 국제 연합 94 | 80. 국제기구 95 | 81. G20 96 | 82. 유럽 연합 97 | 83. 아세안 98
84. 경제 협력 개발 기구 99 | 85. 국제 조약 100 | 86. 팬데믹 101 | 87. 인터폴 102

경제

88. 사회 보험 104 | 89. 보험 105 | 90. 전자 화폐 106 | 91. IC카드 107 | 92. 지역 화폐 108
93. 신용 카드 109 | 94. 이자 110 | 95. 저작권 111 | 96. 은행 대출 112
97. 세금 113 | 98. 전자 상거래 114 | 99. 주식 115
100. 최저 임금 116 | 101. 경제 민주화 117

정치·사회

102. 유통 기한 / 소비 기한 120 | 103. 인권 121 | 104. 차별 122 | 105. 난민 123
106. 빈곤 124 | 107. 헌법 125 | 108. 헌법 재판소 126 | 109. 탄핵 127 | 110. 선거 128
111. 사법부 129 | 112. 행정부 130 | 113. 입법부 131 | 114. 삼권 분립 132
115. 특별 검사 133 | 116. 고위 공직자 범죄 수사처 134 | 117. 비대면 서비스 135
118. 보이스 피싱 136 | 119. 공공 의료 137 | 120. 동물권 138 | 121. 무상 급식 139
122. 의무 교육 140 | 123. 개인 정보 141 | 124. 고령 사회 142 | 125. 저출산 사회 143

과학 기술

유전자 복제 • 뇌 과학 • 재생 에너지 • 유전자 변형
원자력 발전 • 인공 지능 • 바이러스 • 코로나19
드론 • 환경 호르몬 • 전기 자동차 • 로봇 • 과학 수사
역학 조사 • 원격 의료 • 생체 인식 • 백신

유전자 복제

엄마 아빠로부터 유전자를 물려받아!

모양, 크기, 성질 등 어떤 한 생물의 고유한 특징을 형질이라고 해. 이 형질의 정보를 담고 있는 것을 '유전자'라고 하지. 그러니까 우리가 엄마 아빠를 닮은 것은 엄마 아빠의 유전자를 물려받았기 때문이야. 유전자를 전해 받으려면 임신과 출산 과정을 거쳐야 해. 그런데 오늘날은 임신과 출산 없이도 똑같은 유전 정보를 지닌 개체를 만들 수 있게 되었는데 그게 '유전자 복제'야.

유전자 복제로 어떤 일들을 할 수 있을까?

유전자 복제를 통해 심장 등의 신체 기관을 만들어 이식하기도 하고, 멸종 위기에 처한 생물들을 복원해 생태계를 보호하고 유지하는 등 우리 삶에 큰 도움을 줘. 문제는 생명 윤리야. 복제된 생명체의 존중받을 권리라든지 유전자 복제를 어느 범위까지 허용해야 하느냐며 반대하는 목소리도 적지 않아.

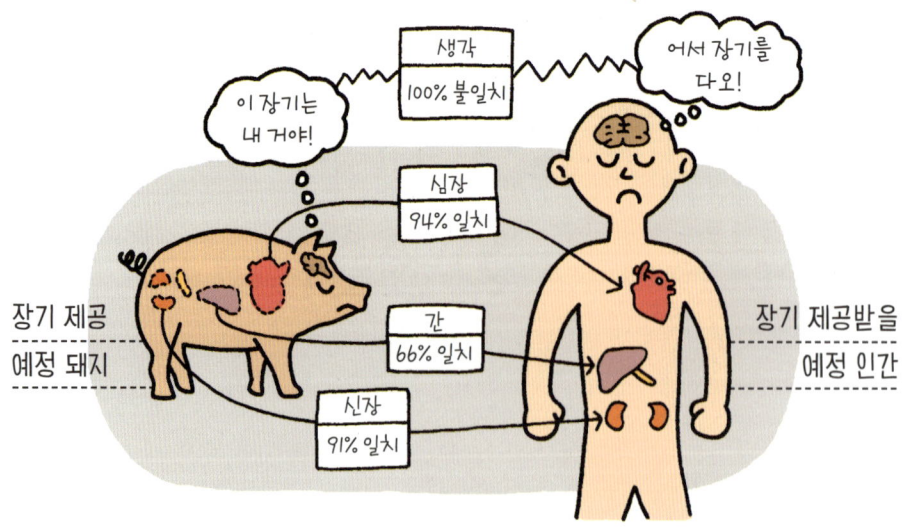

과학 기술 2

뇌 과학

뇌의 작동 원리를 밝혀라!

뇌 신경을 이루는 기본 세포는 뉴런이야. 뇌 신경에는 1천억 개의 뉴런이 서로 연결되어 있지. 뉴런이 전기 신호와 화학 물질로 정보를 주고받으면, 이를 바탕으로 뇌는 정신 활동을 일으켜. 뇌가 어떤 원리로 작동하는지, 생각과 마음은 어떻게 생겨나는지를 연구하는 학문이 '뇌 과학'이야.

날로 발전하는 뇌 과학

현대 뇌 과학은 수많은 뉴런이 저마다 어떤 정보를 선택하고 전달하는지, 뇌가 어떻게 기억하고 판단하며 감정을 일으키는지 더 깊이 들여다보고 있어. 또 뇌의 질병을 치료하고, 생각과 행동을 이해하는 새로운 길을 열었지. 최근에는 인공 지능 개발 등에도 큰 영감을 준단다.

생각만으로 자판 입력, 뇌 속 데이터 전송

재생 에너지

에너지를 만드는 새로운 방법이 필요해!

오늘날 우리나라가 사용하는 에너지는 거의 화력(약 62퍼센트)과 원자력(약 29퍼센트)에 기대고 있어(2020년 기준). 하지만 화력 발전에 쓰이는 석유나 석탄은 에너지를 만들고 쓰는 과정에서 대기 오염과 지구 온난화를 일으켜. 더 큰 문제는 석유나 석탄이 수십 년 안에 모두 바닥날 거라고 해. 또 원자력 발전은 핵 폐기물을 남기며, 단 한 번의 사고로도 큰 재앙을 불러오지.

재생 에너지의 발전을 기대해!

그래서 사람들은 '재생 에너지'에 관심을 기울이기 시작했어. 재생 에너지란 햇빛, 바람, 파도, 밀물과 썰물, 땅속열처럼 주로 자연 상태의 자원으로 만드는 에너지를 뜻해. 아직 화석 원료와 원자력만큼 많은 에너지를 만들지는 못하지만, 빠르게 발전하고 있어. 독일의 라인-훈스 뤼크 지역(인구 10만 명)이나 미국의 구글 본사는 모든 전력을 재생 에너지에서 얻고 있단다.

유전자 변형

자연의 법칙을 거스르다!

모든 생물은 자기만의 특징이 담긴 유전자를 갖고 있어. 그런데 다른 생물의 유전자 정보를 집어넣어 원래 없던 특징을 만들어 내는 기술을 '유전자 변형'이라고 해. 예를 들어 원래 빨리 자라지 않는 특징을 갖고 있는 생물에 빨리 자라는 생물의 유전자 정보를 넣어 빨리 자라게 만드는 거지.

유전자 변형으로 할 수 있는 수많은 일들

유전자 변형 기술을 이용하면 유전 질병을 치료할 수도 있고 해충에 강한 농작물, 치료용 단백질을 생산하는 동물, 흙 속의 오염 중금속을 분해하는 식물, 가솔린을 만드는 대장균 등을 만들어 다양한 사회 문제를 해결할 수도 있어.

새로운 기술은 신중하게 적용해야 해!

하지만 유전자 변형을 반대하는 목소리도 있어. 유전자를 변형하다가 본래 유전자가 아예 망가지거나, 유전자 변형 생명체가 생태계를 무너뜨릴지도 모른다는 두려움 때문이야.

유전자 변형 기술로 보는 미래의 모습 그리기 대회

원자력 발전

원자력 에너지란 뭐지?

'원자력 에너지'는 우라늄이란 물질의 특성을 이용해 만드는 에너지야. 우라늄은 적은 양으로도 석탄이나 석유보다 많은 에너지를 만들 수 있어. 게다가 환경을 해치는 온실가스를 내뿜지 않아.

원자력의 득과 실!

하지만 원자력 발전을 하고 남은 핵 폐기물은 오랫동안 생명체에 해로운 방사선을 내뿜어. 게다가 사고라도 나면 피해가 엄청나지. 이처럼 원자력 발전은 풍부한 에너지를 건네는가 하면, 문명과 자연을 송두리째 무너뜨릴 수 있는 두 얼굴을 지녔어.

인공 지능
(AI) Artificial Intelligence

컴퓨터가 사람처럼 보고, 듣고, 말하고, 생각할 수 있다고?

자율 주행 자동차나 배달 드론은 '인공 지능' 덕분이야. 인공 지능 컴퓨터는 도서관의 모든 책을 순식간에 통째로 저장할 만큼 큰 저장 공간과 빠른 속도를 자랑해. 여기에 인간의 두뇌 정보 처리 과정을 본뜬 인공 신경망이 스스로 필요한 정보를 모으고 공부하는 단계까지 이르렀지.

대화도 가능해?

사람의 힘을 빌리지 않고 스스로 운전하는 자율주행자동차, 질문하면 적절하게 답변해 주는 챗GPT를 비롯해 스포츠 훈련, 전쟁 무기 개발에도 인공 지능 기술이 사용되고 있어. 하지만 아직 사람의 표정을 보고 기쁜지 슬픈지 잘 모르고, 하나의 단어를 여러 뜻으로 사용하지는 못해. 인공 지능이 앞으로도 사람과 완전히 닮을 수 없을지는 모르지만, 더 빠르고 다양하고 정확하게 맡은 일을 처리할 거야.

바이러스
virus

세균보다 1000배나 작은 바이러스

세균은 세포보다 10배 정도 작아. 그런데 바이러스는 세균보다 1000배나 작아. 그래서 동식물의 세포는 물론이고 세균과 곰팡이에도 막힘없이 스며들지. 바이러스는 생물도, 무생물도 아니야. 바이러스는 스스로 생명 활동을 하지 못해. 세포 밖에서는 돌덩이처럼 결정체로 있지.

다른 세포에 침입하기만 하면!

바이러스는 제 몸에 맞는 세포에 들어가면 그때부터 생명 활동을 시작해. 사실 오래전부터 모든 생명체 속에 수많은 바이러스가 삶의 터전을 이뤄 왔어. 어떤 바이러스는 생명체와 같이 살면서 생명 활동을 돕기도 해. 하지만 적대적인 바이러스는 세포를 망가뜨리거나 파괴하지. 적대적인 바이러스에 감염되면 워낙 작고 세포에 한몸처럼 달라붙어서 치료하기 힘들어.

코로나19
COVID-19

우리가 마스크를 쓰면 좋은 이유

2019년에 처음으로 발견된 코로나19는 호흡기 질병을 일으키는 바이러스야. 코로나19에 감염된 사람이 말하거나 기침을 하면서 공기 중에 바이러스가 퍼지면 주변 사람의 눈, 코, 입으로 들어가 감염되지. 그래서 오랫동안 많은 사람들이 마스크를 쓰고 생활했어. 평소에도 사람이 많은 곳에서 마스크를 쓰면 여러 질병을 예방할 수 있대.

감염 증상도 천차만별

코로나19에 감염되면 증상이 다양해. 겉보기에 아무렇지 않거나 가벼운 기침 정도만 하기도 하고, 심한 기침·호흡 곤란·고열·두통·몸살·설사·폐렴 등에 시달리거나 더 심하면 생명을 잃기도 해.

무시무시한 전파 속도와 변이

2019년에 발생한 코로나19에 2023년 11월까지, 약 7억만 명 넘게 감염되었고, 약 7백만 명이 목숨을 잃었어. 그동안 알파, 베타, … 오미크론 등의 변이 바이러스가 생기면서 전파력을 키웠어.

과학 기술 9

드론
drone

조종사 없이 하늘을 훨훨!
'드론'이란 조종사가 직접 올라타 조종하지 않고, 멀리서 조종하는 비행 장치를 말해. 비행 프로그램에 따라 자동으로 비행할 수도 있어.

우리 위엔 드론이 있다
드론은 1990년대부터 무인 정찰기나 폭격기 같은 전쟁 무기로 개발됐어. 하지만 최근에는 인공 지능 기술과 결합된 드론이 다양하게 활용되고 있어. 공중에서 촬영을 하거나 야생 동물의 이동 관찰, 농약 뿌리기, 무인 배달에도 쓰여. 요즘은 취미로 드론을 날리는 사람들이 부쩍 많이 보이는데 촬영용 드론은 사생활 침해로 문제가 되니 조심해야 해.

곧 사람도 태울 거야
앞으로 드론 택시가 승객을 태우는 모습을 볼 날도 멀지 않았어. 이를 위해 강력한 연료와 공기 흐름의 변화에 흔들림 없는 비행 기술을 개발하고, 항공 길을 만드는 연구가 진행되고 있단다.

환경 호르몬

과학 기술 10

산업 활동 과정에서 만들어지는 화학 물질

환경 호르몬은 우리 몸에서 만들어지는 호르몬이 아니야. 자동차, 플라스틱 그릇, 화장품, 농약, 살충제, 샴푸, 주방 세제, 비닐 등을 만들거나 사용하는 과정에서 만들어진 화학 물질이지.

우리 몸을 병들게 해

환경 호르몬은 우리 몸에 들어와 다양한 질병을 일으켜. 우리가 일상생활에서 쓰는 대부분의 물건, 그중에서도 일회용품에 환경 호르몬이 특히 많이 들어 있어. 심지어 쓰레기를 태우는 연기에서도 섞여 나와. 환경 호르몬을 줄이기 위해서는 최대한 일회용품을 안 쓰고 재활용하는 수밖에 없어.

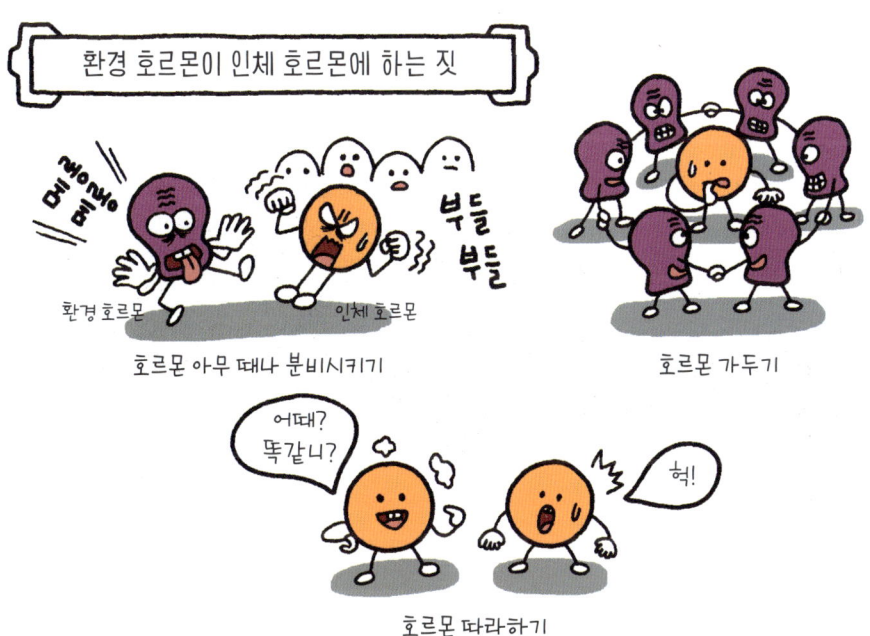

과학 기술 11

전기 자동차

석유 자동차보다 전기 자동차가 먼저 발명되었어!

전기 자동차는 1830년대에 석유 자동차보다 먼저 발명됐어. 1900년대에 상류층에서 큰 인기를 끌었지. 사실 당시 전기 자동차는 배터리가 무겁고 충전 시간이 오래 걸리며 속도도 느렸어. 게다가 부자가 아니면 꿈도 꾸지 못할 만큼 비쌌고.

이제는 전기 자동차의 시대

20세기 들어서 값싸고 성능 좋은 석유 자동차가 등장하면서 전기 자동차는 한순간에 사라졌어. 하지만 석유 자동차는 환경 오염을 일으키고, 마구잡이로 뽑아올린 탓에 석유도 바닥을 드러냈어. 사람들은 한동안 잊고 지내던 전기 자동차에 다시 눈길을 돌리고 있단다.

과학 기술 12

로봇
robot

로봇 없는 인류 문명은 상상할 수 없을 정도
로봇은 정교하고 위험하고 큰 힘이 필요한 일을 도맡아서 쉼 없이 해내고 있어. 사람들이 상상하는 가장 뛰어난 로봇은 휴머노이드일 거야. 사람처럼 말하고 행동하는 로봇이지.

손발을 움직이고 대화가 가능한, 사람과 비슷한 로봇
사실 점점 사람과 닮아 가는 로봇을 바라보는 사람들 마음은 좀 복잡해. 휴머노이드가 집안일을 돕거나 환자를 돌보거나 자동차를 운전해 주면 아주 편리해지겠지.

만에 하나 휴머노이드가 감정을 갖게 된다면…
하지만 혼란스러운 일도 벌어질 거야. 사람과 휴머노이드를 구분하기 힘들어진다면, 사람이 휴머노이드를 사랑하거나 미워하는 감정이 생긴다면, 휴머노이드가 어쩌다 사고를 일으킨다면….

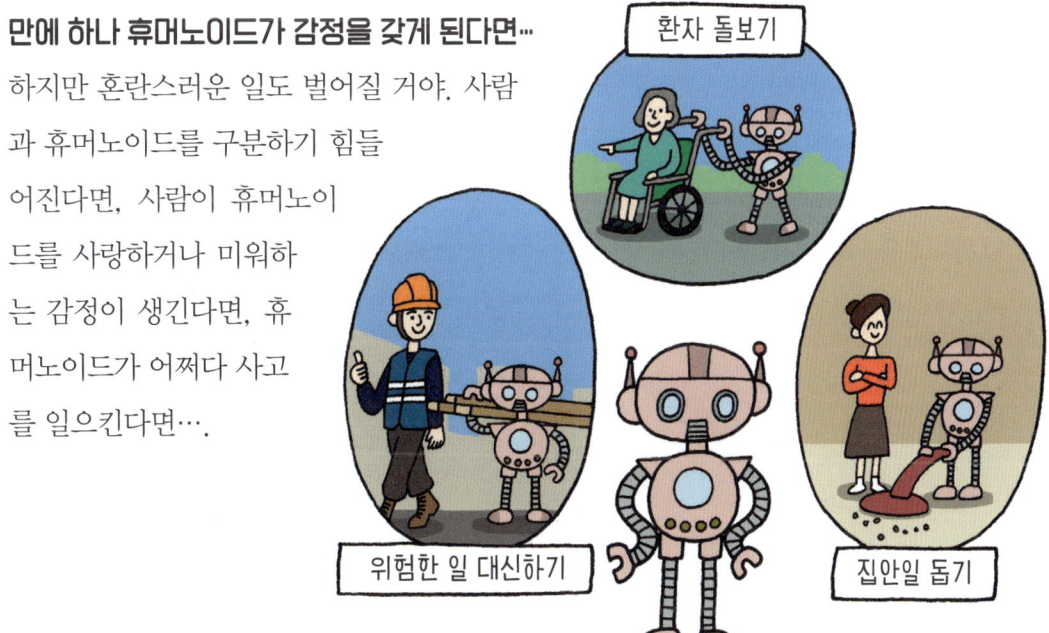

환자 돌보기
위험한 일 대신하기
집안일 돕기

과학 수사

자백에 의존하는 시대는 지났다

법의학, 생물학, 화학, 물리학, 심리학 등을 총동원해 범죄를 수사하는 방법을 '과학 수사'라고 해. 과학 수사는 재판에서 결정적인 증거물로 쓰여. 과학 수사가 발전하기 전에는 범인의 자백에 의존하거나 범죄 현장에 확실한 증거물이 남아 있어야만 했지.

범죄를 밝힐 수 있는 열쇠

또 자백을 받아 내기 위해 무리하게 심문하거나, 증거물을 못 찾아 사건이 미궁에 빠지는 경우도 많았어. 하지만 지능적이고 교묘한 범죄가 늘어날수록, 과학 수사는 인권을 보호하고 범죄자를 제대로 밝혀내는 데 그 역할이 커지고 있단다.

과학 기술 14

역학 조사

질병의 원인, 전파, 예방에 관한 조사

예를 들어 어느 지역에 호흡기 질병 환자가 갑자기 늘어났다고 가정해 볼까? 역학 조사관은 호흡기 질병의 원인이 무엇인지, 어떤 직종과 주거 환경에서 많이 나타나는지, 어느 연령대가 많이 앓았는지, 언제부터 시작됐는지 등을 조사해. 만약 전염병이라면 전파되는 경로와 속도도 정확히 알아내야겠지? 이렇게 특정 질병이나 전염병에 대해 조사하는 것을 '역학 조사'라고 해.

조사를 통해 모은 정보는 모두 공개

조사 과정에서 질병을 예방하는 데 필요한 다양한 정보를 모아. 코로나19 팬데믹 초기에 우리나라는 감염자가 나녀간 곳을 철저히 소독하고, 감염자와 만난 사람들을 모두 검사하고 격리했어. 그리고 개인 신상을 뺀 역학 조사 정보를 사람들에게 실시간으로 알렸지.

원격 의료

직접 의사를 만나지 않아도 돼

만약 병원이 멀리 떨어져 있거나, 환자가 몸을 가누기 힘든 상태라면 병원에 가기 쉽지 않아. 간단한 병이라면 이럴 때 병원에 가지 않고 의사와 영상 통화로 진료할 수 있지 않을까? 이처럼 의사와 환자가 멀리 떨어진 채로 컴퓨터 같은 통신 기기를 이용해 상담하고 진료하는 방식이 '원격 의료'야.

자칫 잘못 치료할 수도 있어

원격 의료는 코로나19 같은 전염성 질병이 크게 퍼졌을 때, 병원에 가야 할 만큼 심각하지 않지만 건강 상태를 주기적으로 점검해야 할 때도 효과적이야. 아쉬운 점은 원격 의료 시스템을 갖추는 데 비용이 많이 들고, 자칫 잘못된 진단을 내릴 수 있다는 의견도 있어.

생체 인식

몸의 정보를 이용한 신원 확인 기술

요즘에는 휴대폰 잠금 장치에 손바닥 혈관, 얼굴, 목소리, 지문, 홍채를 사용하는 사람이 많아졌어. 이렇게 생체 정보를 이용해 그 사람이 누구인지 확인하는 기술을 '생체 인식'이라고 해.

뇌파, 심장 박동까지 다양한 생체 정보를 이용

그런데 생체 인식이 절대적으로 안전하지는 않아. 과학 기술이 발달하면서 지문이나 홍채, 혈관으로 설정한 잠금 장치마저 풀린 경우도 있었으니까. 여기에 맞서 뇌파, 심장 박동을 이용하는 생체 인식 기술을 새로이 개발 중이야. 막으려는 쪽과 뚫으려는 쪽의 대결은 결과석으로 생체 인식 기술을 발전시키고 있어.

과학 기술
17

백신

한 번 싸워 본 상대는 쉽게 물리칠 수 있지

우리 몸은 외부에서 병을 일으키는 세균과 바이러스가 들어오면 여기에 맞서 싸워. 이때 우리 몸에서는 세균이나 바이러스를 공격해서 없앨 수 있는 물질을 만들어 내는데 이걸 '항체'라고 해. 그리고 다음에 같은 세균이나 바이러스가 들어오면 전보다 빠르게 항체를 만들어 내지.

균을 일부러 몸에 넣어 스스로 이겨 내게 해

이처럼 놀라운 우리 몸의 특성을 이용한 치료 방법이 바로 '백신'이야. 백신은 전염되는 특정 감염병의 세균이나 바이러스에서 위험한 요소를 없앤 다음 우리 몸에 주입하는 거지. 그럼 우리 몸은 거뜬히 이겨 낼 수 있는 항체를 만든단다.

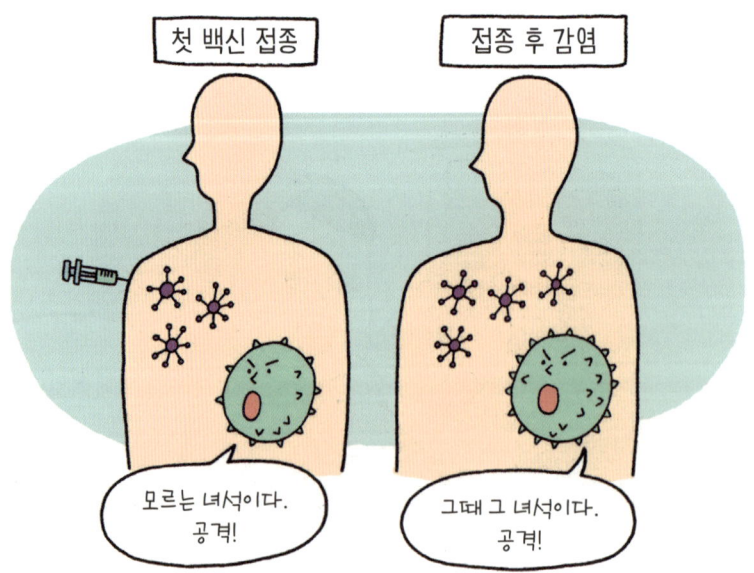

IT

클라우드 • 스트리밍 • 해시태그
인터넷 보안 • 해커 • 바코드와 QR코드 • SNS
소셜 미디어 마케팅 • 빅데이터 • 사이버 범죄 • 디지털 포렌식
스타트업 • 사물 인터넷

클라우드
cloud

이제는 데이터를 가지고 다닐 필요가 없어

휴대폰 용량이 가득 차면 어떻게 정리해? 예전에는 컴퓨터나 외장 메모리 저장 장치에 파일을 저장했어. 그래서 친구에게 여행 사진을 보여 주고 싶은데 집에 있는 컴퓨터에 저장했다면 보여 줄 수가 없었지. 하지만 클라우드에 저장한다면 간단해.

언제 어디서나 데이터를 저장하고 꺼낼 수 있지

'클라우드'란 영어로 '구름'이라는 뜻이야. 데이터를 자신의 휴대폰이나 컴퓨터에 저장하지 않고 인터넷에 연결된 데이터 센터에 저장하는 기술이지. 어디에서나 구름을 볼 수 있듯이 클라우드는 인터넷으로 데이터 센터에 접속할 수 있으면 언제 어디에서든 데이터를 볼 수 있기 때문에 구름에 비유한 거야.

여러 사람이 함께 사용할 수 있어

클라우드에서는 내 자료뿐만 아니라 다른 사람의 자료도 볼 수 있어. 기업에서는 필요한 자료를 클라우드에 저장해 놓고 여러 사람들이 함께 사용해. 아주 편리한 기술이지.

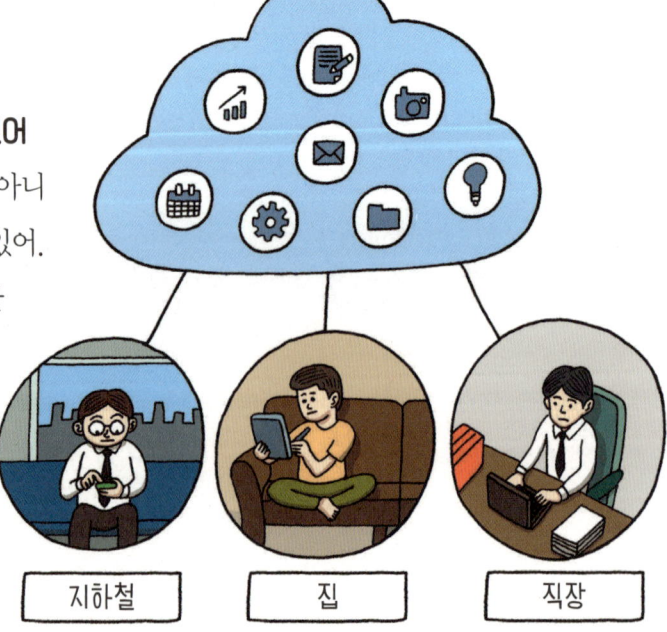

스트리밍
streaming

음악과 동영상을 감상하는 두 가지 방식

인터넷상에서 음악이나 동영상을 감상하는 방식에는 크게 두 가지가 있어. 하나는 해당 파일을 완전히 내려받은 다음 감상하는 '다운로드' 방식이야. 그리고 파일을 내려받는 것과 재생을 거의 동시에 진행하는 '스트리밍' 방식이 있지. 스트리밍 방식은 재생이 끝나면 내려받았던 파일이 바로 사라져.

물이 흘러가듯 연달아 자연스럽게

스트리밍은 '흐름'이라는 뜻이야. 물이 흘러가듯 내려받는 것과 재생을 동시에 처리한다는 말이지.

재생이 빠르고 간단해

스트리밍 기술이 발달하면서 실시간 인터넷 방송이 가능해졌어. 그리고 내려받았던 파일이 재생이 끝나면 바로 사라지기 때문에 저작권 보호에도 도움이 돼.

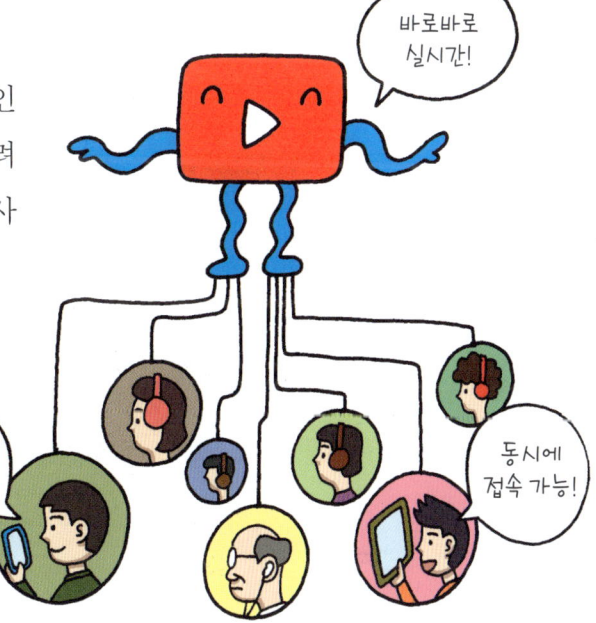

해시태그
hashtag

'#' 뒤에 꼬리표를 붙이는 것

해시태그는 '해시(hash)'와 '태그(tag)'가 합쳐진 말이야. 해시는 '#' 기호를 뜻하고, 태그는 '꼬리표'라는 뜻이지. # 뒤에 꼬리표처럼 특정 단어를 입력하는 거야.

관심 주제를 한번에 검색할 수 있어

예를 들어 SNS에 글을 올릴 때 '#떡볶이', '#고양이', '#라면'이라고 쓰면 해당 주제에 관한 정보와 글이 한곳에 모여. 사용자들은 해시태그가 붙은 단어를 클릭하면 관련 주제에 대한 수많은 정보를 손쉽게 얻을 수 있어.

인터넷 보안

위험이 도사리는 인터넷

인터넷 없는 세상을 상상할 수 있을까? 요즘은 누구라도 인터넷에 접속하면서 하루를 시작해. 그런데 인터넷이 워낙 바다처럼 넓고 깊다 보니 어둡고 위험한 요소도 많아.

컴퓨터에서 정보를 훔치는 해커들

그중에서도 남의 컴퓨터에 몰래 들어가서 시스템을 망가뜨리는 바이러스를 심거나 정보를 훔치는 해커들은 아주 골칫거리야. 고급 기술과 정보를 다루는 회사라면 더더욱 끔찍할 테지.

정보를 지키는 인터넷 보안 장치

그래서 모든 컴퓨터는 데이터를 보호하는 방화벽과 바이러스를 잡아내는 프로그램 같은 인터넷 보안 장치를 갖추고 있단다.

해커
hacker

해커는 범죄자
모두 잠든 깊은 밤, 불 꺼진 방, 희미한 컴퓨터 화면 아래, 키보드를 두드리며 비릿한 웃음을 흘리는 그대 이름은 해커!

컴퓨터의 정보를 훔치는 해커
해커는 원래 컴퓨터 시스템이나 프로그램에 관한 전문가를 이르는 말이었어. 그런데 요즘은 다른 컴퓨터에 침입해서 정보를 빼내거나 시스템을 망가뜨리는 사람을 가리켜.

막대한 피해를 입히는 해커들
해커들은 SNS·인터넷 포털·은행에서 개인 정보를 빼내고, 항공사·방송사의 일을 방해하며, 심지어 경찰·군대·정부 기관을 위협하기도 한단다.

바코드와 QR코드
bar code와 QR code

'삑' 소리와 함께 받아들여지는 정보

편의점이나 가게에서 판매되는 모든 상품에는 바코드가 달려 있어. 바코드에 인식기를 대면 '삑' 소리와 함께 프로그램이 상품 정보를 인식하지. 바코드는 사람으로 치면 여권이나 마찬가지야. 하지만 세로 선의 가로 폭으로만 정보를 표현하기 때문에 많은 정보를 저장하기는 어려워.

QR코드, 휴대폰을 갖다 대기만 하면 돼

QR코드는 바코드를 사각형으로 만들어서 어느 방향에서나 인식할 수 있고, 더 많은 정보를 저장할 수 있어. 휴대폰으로 QR코드를 찍으면 인터넷 홈페이지로 안내되거나 동영상을 재생해 주기도 하지. 결제도 할 수 있어서 전자 화폐 역할도 가능해.

SNS
Social Network Service

온라인에서 만들어지는 사회적 관계

SNS는 소셜 네트워크 서비스의 줄임 말이야. 온라인에서 자유롭게 의사소통을 하고 정보를 나눌 수 있도록 사회적 관계를 만들어 주는 서비스지.

한 번도 만나 보지 않은 사람과도 이야기를 나눌 수 있어

SNS 매체는 아주 많아. 카카오톡, 페이스북, 유튜브, 인스타그램, 트위터…. SNS 덕분에 우리는 지구 반대편에 사는 같은 취미를 가진 친구와 실시간으로 이야기를 나눌 수 있게 되었어.

중독을 조심해야 해

SNS 덕분에 사회적 관계가 넓어지고 유용한 정보를 얻는 것은 좋지만 하루 종일 SNS에만 빠져 있으면 곤란해. 스스로 조절할 수 있는 적당한 수준에서 즐기면 참 좋겠지.

소셜 미디어 마케팅
social media marketing

텔레비전, 인터넷 검색 사이트에 광고하려면 돈이 많이 필요해

회사의 마케팅 부서에서 아침저녁으로 머리를 싸매고 고민하는 게 하나 있어. '어떻게 하면 상품을 소비자에게 효과적으로 알릴 수 있을까?' 하는 거야. 물론 텔레비전이나 인터넷 검색 사이트에 자주 광고를 올려서 사람들 눈에 띄게 하면 좋겠지. 하지만 아주 많은 돈이 필요해.

SNS를 통해 마케팅 비용을 아낄 수 있어

SNS가 널리 퍼지면서 새로운 마케팅 방법이 생겨났어. SNS에 광고를 올리는 거야. SNS에는 비슷한 성향과 취미를 가진 사람들이 모여 있으니까. 이처럼 SNS를 통해 홍보하는 것을 '소셜 미디어 마케팅'이라고 해. 이 방법으로 비용을 많이 들이지 않고 홍보 효과를 낼 수도 있어.

빅데이터
big data

먼저 흩어져 있는 정보를 모아 비슷한 것끼리 분류해

11살 준우는 대전에서 엄마와 살고, 양말을 신어야 잠을 자며, 딸기 우유만 마셔. 11살 찬수는 부산에서 엄마 아빠와 살고, 곰돌이 잠옷만 입으며, 딸기 우유와 인터넷 게임을 좋아해. 11살 미희는 수원에서 아빠와 동생과 살고, 잘 때 이불을 안 덮으며, 초코 우유만 마시고, 준우와 좋아하는 가수가 같아. 같은 또래 만 명으로 조사 대상을 넓히면, 초등학교 4학년의 생활 환경과 습관, 취향을 크고 작은 묶음으로 분류할 수 있겠지?

빅데이터를 분석하면 여러 가지 문제를 해결할 수 있어

이처럼 사람들의 생활 양식, 정치 성향, 소비 형태 같은 사례를 최대한 모은 자료가 '빅데이터'야. 정부와 기업 등은 빅데이터를 모으려고 많은 노력을 기울이고 있어. 빅데이터가 클수록 사회 전반을 다양하게 분석해 사회 문제의 해결책을 내놓을 수 있으니까.

사이버 범죄

인터넷상에서 일어나는 다양한 범죄
인터넷 공간에서 일어나는 불법과 범죄 행위를 '사이버 범죄'라고 해. 인터넷이 발달하고 사용자가 많아지면서 생겨난 범죄지.

얼굴이 드러나지 않는다고 댓글로 폭언하는 것도 범죄
인터넷에서 다른 사람의 개인 정보를 훔치는 일, 얼굴이 드러나지 않는다고 누군가에게 폭언을 하거나 거짓말을 퍼뜨리는 일, 해킹을 통해 인터넷을 마비시키는 일 등등. 이 모든 일이 사이버 범죄야.

더욱 대담하고 교묘해지는 사이버 범죄
사이버 범죄는 인터넷 특성 때문에 가해자를 잡기 어려워. 그래서 더더욱 대담해지고 교묘해지고 있어. 사이버 범죄는 심각한 사회 문제로 떠올랐어.

디지털 포렌식
digital forensics

디지털 기기에 남아 있는 범죄 흔적을 찾아라!

휴대폰과 컴퓨터가 일상적으로 널리 쓰이면서 범죄 수사 방법에 커다란 변화가 일어났어. 휴대폰이나 컴퓨터 등 디지털 기기에 남아 있는 범죄와 관련된 정보를 모으고 분석할 수 있게 되었는데, 이를 '디지털 포렌식'이라고 해.

디지털 기기를 사용한 기록은 지워지지 않아

휴대폰과 컴퓨터에는 당사자가 과거 어느 시간에, 어디에서, 무엇을 했는지 기록되어 있어. 전원을 켜는 순간부터 모든 흔적이 기계의 어디엔가 지워지지 않고 남아 있지. 아무리 지워도 소용없어.

하지만 사생활 침해 문제가 있어

디지털 포렌식은 범죄자가 거짓말을 할 수 없게 하고 기억하지 못하는 내용까지 낱낱이 밝혀내. 하지만 수사 과정에서 범죄와 관련된 내용이 아닌 다른 사생활까지 침해할 수 있어.

스타트업
start-up

아이디어와 기술 중심의 성장 가능성이 큰 창업 기업

'스타트업'은 '~을 시작하다'라는 뜻이야. 컴퓨터와 인터넷 사업의 중심지인 미국 실리콘밸리에서 생겨난 말이지. 사업을 시작한 지 얼마 되지 않은 기업들 가운데 아이디어와 기술력이 뛰어나 성장 가능성이 큰 기업을 이르는 말이야.

지금은 세계적인 회사가 된 과거의 스타트업

애플, 구글, 페이스북, 아마존, 알리바바, 카카오톡…. 한 번쯤 들어봤지? 인터넷을 기반으로 세계적으로 성장한 이들 기업은 공통점이 하나 있어. 고작 서너 명이 모여서 얼마 안 되는 자금으로 시작한 기업, 곧 스타트업이라는 점이야. 스타트업은 SNS, 소비, 문화, 환경 등 모든 분야에서 인터넷 생태계를 풍성하게 만들고 있어. 이 순간에도 수천수만의 스타트업이 자신만의 독특한 아이디어와 기술로 기업의 가치를 다지고 있단다.

사물 인터넷

멀리에서도 스마트폰 하나로 모든 전자 기기를 조종
컴퓨터나 스마트폰을 열면 언제 어디서든 인터넷에 접속할 수 있어. 친구와 메시지나 사진을 주고받고, 은행 업무, 길 찾기 등 다양한 일을 처리할 수 있지. 그런데 최근에는 세탁기, 청소기, 자동차, 냉장고 등 다양한 사물에도 인터넷을 연결해 정보를 주고받으며 스마트폰으로 조작이 가능해졌어. 이렇게 모든 기기가 인터넷에 연결되는 것을 '사물 인터넷'이라고 해.

주의해야 할 점은!
하지만 골칫거리도 생겼어. 예전에는 컴퓨터나 스마트폰이 해킹의 대상이었지만 이제는 인터넷과 연결된 다양한 기기들까지 해킹의 위협을 받고 있어.

역사

대한민국 임시 정부 • 4·19 혁명
5·18 광주 민주화 운동 • 동북공정 • 일제 강제 동원
일본군 '위안부' • 야스쿠니 신사 참배

대한민국 임시 정부

역사 31

독립운동 조직을 하나로 모은 임시 정부

일제 강점기였던 1919년 3월 1일, 조선의 자주 독립을 외치는 만세 운동이 온 나라에서 들불처럼 일어났어. 3·1운동 이후 사람들은 일본에 맞서 독립 운동을 하려면 통일된 조직이 필요하다는 점을 깨달았지. 그래서 그해 4월 11일, 중국 상하이에 국내외 독립운동 조직을 하나로 모은 '대한민국 임시 정부'를 세웠어.

대한민국은 민주 공화국

대한민국 임시 정부는 대한민국 임시 헌장을 만들어 '대한민국은 대한 제국을 이어받으며, 대통령제와 입법·행정·사법 3권을 분리하는 민주 공화국'이라고 선언했어.

대한민국의 시작은 임시 정부

대한민국 임시 정부는 일본의 모진 탄압에 맞서 독립군을 만들고 외교 활동을 했어. 1945년 8월 15일 일본이 전쟁에서 패하자 대한민국은 해방을 맞이했고 뒤이어 1948년 8월 15일에 대한민국 임시 정부를 이은 대한민국 정부가 수립되었단다.

이봉창 / 김구 / 유관순 / 윤봉길

4·19 혁명

이승만과 자유당의 부정 선거

1960년, 4대 대통령 선거에 출마한 이승만은 경쟁 후보가 병으로 죽으면서 선거도 치르기 전에 사실상 당선된 상태였어. 이승만과 자유당 정권은 여기에 만족하지 않고, 부통령 선거에서 온갖 불법을 저질렀지. 정치 깡패가 상대방의 선거 운동을 방해하고, 가짜 투표 용지를 만들어 넣고, 자유당 후보에게 투표했는지 일일이 검사했어.

4월 19일, 부정 선거에 항의하는 대학생 시위

화가 난 사람들은 부정 선거 반대 시위를 벌였어. 그러던 중 시위에 참여했던 김주열 학생이 처참한 시신으로 발견되었지. 이에 1960년 4월 19일, 대학생들이 거리로 몰려나와 부정 선거에 항의하며 시위를 벌였어.
이후 이승만은 대통령 자리에서 물러날 수밖에 없었어. 이 역사적 사건을 '4·19 혁명'이라고 해.

5·18 광주 민주화 운동

권력에 욕심을 드러낸 전두환

"탕, 탕, 탕!" 1979년 10월 26일, 오랫동안 권력을 휘두르던 박정희 대통령이 부하의 총탄에 쓰러졌어. 그 혼란을 틈타 육군 장군이었던 전두환은 정치권력에 욕심을 드러냈지. 전두환은 군대를 이끌고 나라의 모든 곳을 점령하기 시작했어. 그러자 온 나라에서 전두환과 군대 세력에 반대하는 시위가 일어났지.

5월 18일 광주에서 수많은 사람들이 목숨을 잃었어

1980년 5월 18일, 전라남도 광주에서도 전두환과 군대 세력에 반대하는 큰 시위가 일어났어. 이 일을 '5·18 광주 민주화 운동'이라고 해. 전두환은 군대를 보내 아무 잘못 없는 시민을 상대로 무자비하게 총칼을 휘둘러 수백 명이 죽고 수천 명이 다쳤어.

동북공정

중국의 괴상한 동북 지역 역사 연구

중국은 2002년부터 랴오닝성, 지린성, 헤이룽장성 등 중국 동북쪽 지역의 역사를 조사하고 연구하기 시작했어. 이 조사와 연구를 '동북공정'이라고 해.

우리 역사를 왜곡하는 중국의 억지 주장

중국이 연구, 조사하는 동북 지역은 현재 중국 땅이지만 과거 우리나라의 고조선, 고구려, 발해의 땅이었어. 동북공정을 통해 고조선, 고구려, 발해가 옛 중국의 지방 정권이라고 주장하려는 거지. 중국은 오랜 시간 동안 여러 민족이 뒤섞여 수많은 나라를 만들고 무너뜨리며 오늘날 중국의 정치·경제·문화를 이루었어. 그래서 현재의 중국 땅에서 일어난 모든 역사를 중국의 역사라고 주상하는 서야. 지금은 중국 땅이지만 옛날에는 우리나라였던 고구려, 발해까지 중국 역사라고 주장하는 건 억지스러워 보여.

일제 강제 동원

일본의 끝없는 전쟁

일본은 우리나라를 식민지로 삼은 뒤 1937년, 중일 전쟁을 일으켰어. 그걸로도 모자라 아시아 대륙을 통째로 자기네 식민지로 삼으려는 듯 연이어 전쟁을 벌였지. 1941년부터는 미국 진주만, 대만, 필리핀, 버마, 말레이시아, 남태평양의 여러 섬을 함께 공격했어.

아직도 강제 동원을 사과하지 않는 일본

그러면서 전쟁에 필요한 물자를 우리나라에서 빼앗아 갔어. 사람들도 강제로 끌고 갔는데 이를 '강제 동원'이라고 해. 강제 동원된 사람들은 전쟁 물자를 나르고, 군사 시설을 만들고, 총알받이로 내몰리기도 했지. 일본은 오늘날까지도 이 일에 대해 제대로 사과하지 않아.

일본군 '위안부'

여성들을 속여 군인들의 성 노예로 삼았어
일본 제국주의는 제2차 세계 대전을 치르면서 군대에 '위안소'를 설치했어. 그러고는 우리나라와 중국 등 여러 나라의 여성들에게 공장에서 일하게 해 주겠다고 속이거나 강제로 위안소로 끌고 가서 군인들의 성 노예로 삼았지.

자꾸 말을 바꾸는 건 제대로 된 사과가 아니야
위안부 여성들은 날마다 수십 명의 군인들을 상대해야 했으며, 영양실조, 성병에 걸리거나 임신 중절 수술을 하다가 죽는 경우도 많았어. 오늘날 일본은 위안부에 대해 강제로 여성들을 끌고 간 적은 없었으며, 이미 몇 차례 사과했고, 보상도 끝냈다고 주장해. 이랬다저랬다 말을 계속 바꾸고 있어.

야스쿠니 신사 참배

야스쿠니 신사에는 전쟁 범죄자도 있어

일본 도쿄에 있는 야스쿠니 신사는 죽은 사람을 모시고 제사를 지내는 곳이야. 그런데 이 가운데는 제2차 세계 대전 당시 일본이 다른 나라를 침략할 때 앞장섰던 전쟁 범죄자 1000여 명도 포함되어 있어.

아시아의 많은 나라들이 야스쿠니 신사 참배를 반대해!

2000년대 들어 일본 정치 지도자들이 야스쿠니에서 제사 지내는 행사에 참여하기 시작했어. 일본이 일으킨 전쟁을 정당화하고, 오히려 자신들이 피해자라고 주장하려는 속셈이야. 우리나라와 중국을 비롯해 일본 때문에 고통받았던 나라에서는 야스쿠니 신사 참배를 반대하지.

인물

손정의 · 마윈 · 일론 머스크
시진핑 · 앙겔라 메르켈 · 문재인
기시다 후미오 · 김대중 · 조수미 · 스티브 잡스
김연아 · 백남준 · 마크 저커버그

손정의
孫正義

"상상할 수 있는 것은 반드시 실현할 수 있습니다!"

재일 교포 손정의

1957년, 일본에서 태어난 손정의는 재일 교포 3세야. 손정의 집안은 일제 강점기인 1914년, 할아버지가 일본으로 건너가 탄광 노동자로 일하면서부터 일본에서 살기 시작했지. 손정의는 식민지 출신이라고 차별받고 가난하게 자랐다고 해.

뭐든지 한발 앞서서!

집안 형편이 나아지자 손정의는 16살 때 미국으로 건너가 고등학교를 졸업하고 대학교에서 경제학과 컴퓨터 과학을 공부했어. 1981년, 일본으로 돌아와 소프트웨어 유통 회사 소프트뱅크를 세웠지. 그리고 남들보다 한발 앞서 인터넷, 휴대폰, 벤처 기업 등에 과감하게 투자해 큰 성공을 거두었어.

세계를 경영하다!

손정의는 일본에서 손에 꼽히는 부자로 알려졌으며, 훗날 크게 성장할 기업이라는 판단이 들면 처음에 손해를 보더라도 공격적인 투자를 하기로 유명해. 지금도 세계적인 경영자로 활발하게 활동하고 있단다.

마윈
馬雲

"근성 있는 열정만이 부를 얻게 합니다."

마윈은 원래 영어 선생님이었어

1964년, 중국에서 태어난 마윈은 고등학교 때부터 혼자 영어를 공부했고 1980년대부터는 대학교에서 영어를 가르쳤지. 그러던 1995년, 미국을 여행하면서 인생을 뒤바꿀 신세계를 체험했어. 바로 인터넷이야.

인터넷이 세상을 바꿀 것이다!

인터넷 검색을 통해 수많은 자료를 접한 마윈은 중국으로 돌아오자마자 중국 최초로 인터넷 홈페이지를 만들어 주는 기업을 세웠어. 그러나 대기업 경쟁사를 만나 실패를 맛봤어. 마윈은 이 경험을 바탕으로 1999년에 인터넷 상거래 기업, 알리바바를 세웠지.

21세기 가장 주목받은 경영자!

알리바바는 중국 최대의 전자 상거래 업체로 우뚝 섰고 아마존, 구글과 같은 세계적인 기업들과 어깨를 나란히 했어. 마윈은 알리바바 창립 20주년에 젊은 경영자에게 회장 자리를 물려주고 떠났단다.

인물 40

일론 머스크
Elon Musk

혼자 있는 게 좋아

1971년, 남아프리카 공화국에서 태어난 일론 머스크는 혼자 책을 읽거나 컴퓨터 프로그램을 개발하는 것을 좋아하는 아이였어. 어렸을 때부터 많은 책을 읽었고 책을 통해 스스로 배우고 깨우쳤지.

"어떻게 더 잘 해낼 수 있는지 끊임없이 생각하고 스스로에게 질문을 던지세요."

공부를 하기보다는 회사를 만들다!

캐나다에서 경제학과 물리학을 공부하던 일론 머스크는 공부를 더 하기보다는 회사를 차려야겠다고 마음먹었어. 1995년, 미국 실리콘밸리로 건너가 인터넷 금융 서비스 회사를 차려 큰 성공을 했어.

미래 지향적이고 독특한 사업가

이 성공을 바탕으로 일론 머스크는 민간 우주 항공(스페이스X), 전기 자동차(테슬라), 태양광 발전(솔라시티), 진공 튜브 안에서 운행되는 고속 열차(하이퍼루프), 인간의 뇌와 컴퓨터 연결 연구(뉴럴링크) 같은 다른 사람들이 생각하지 못하는 혁신적인 회사를 세웠단다.

시진핑
習近平

힘들었던 어린 시절

시진핑은 1953년, 중국의 국무원 부총리를 지낸 시중쉰의 아들로 태어났어. 어렸을 때는 아버지가 정치적으로 위기에 몰리는 바람에 궂은일을 하며 어렵게 살았지.

"흐름을 타지 못하면 뒤처지고 도태된다!"

정치계에 발을 들이다!

1974년, 공산당에 가입하고 1979년에 칭화대학교 화학공학과를 졸업했어. 그 뒤 중국 공산당 중앙 군사 위원회의 사무 기구인 판공청의 비서로 활동했지. 우리나라로 치면 갓 졸업한 대학생이 국방부 장관 비서로 일한 것과 같아.

비리 권력자들을 처벌하며 큰 인기

그 뒤로 계속 정치적 경력을 쌓은 시진핑은 2013년 최고 지도자 자리에 올랐어. 비리를 저지른 권력자를 잡아들이며 큰 인기를 끌었어.

인물 42

앙겔라 메르켈
Angela Merkel

과학을 좋아하는 사람

1954년에 태어난 앙겔라 메르켈은 동독의 유명한 라이프치히대학교에 입학해 물리학을 전공하고 양자화학 박사 학위를 받으며 학자로서 인정받았지. 그러다 1991년, 여성청소년부 장관을 하면서 정치를 시작했어.

"빨리 가고 싶다면 혼자 가라. 하지만 멀리 가고 싶다면 함께 가라."

유럽 나라들 사이의 분쟁을 해결하다

그 뒤로 여러 부서의 장관을 맡았던 앙겔라 메르켈은 독일 최초의 '동독' 출신인 '여성'으로서 총리에 당선돼. 우리나라로 치면 대통령이지. 2005년 11월 22일부터 2021년 12월 7일까지 16년 동안 총리 자리를 지켰어.

세계적으로 빛난 '메르켈 리더십'

메르켈은 시리아 내전으로 엄청난 수의 난민이 생기자 2015~2016년 동안 100만 명의 난민을 받았어. 또 사고 위험이 큰 원자력 발전과 환경 오염이 심한 화력 발전을 하지 않겠다고 선언하고 재생에너지 개발에 힘을 쏟았지.

문재인

엄청나게 가난했던 어린 시절

문재인 대통령의 부모님은 함경남도에서 살았어. 그러다 한국 전쟁이 터지자 남쪽으로 피난 왔지. 1953년, 전쟁을 피하기 위해 모인 거제시의 한 마을에서 문재인 대통령이 태어났어. 가난했지만 어려서부터 인정 많고 바른 성품이었대.

"저를 지지하지 않았던 국민도 저의 국민입니다."

인권 변호사로 활동했어

청년 시절에는 전두환 군사 정부에 반대하는 학생 운동을 벌이다 감옥에 갇혔지만 마침 사법 시험에 합격한 덕에 풀려났어. 그 뒤 노무현 대통령이 변호사였던 시절, 고향인 부산에서 함께 힘없는 사람들 편에 서서 인권 변호사로 일했지.

사람이 먼저다!

그리고 2017년, 제19대 대통령에 당선되었어. 문재인 대통령은 경제 불평등 해결, 남북 평화, 친환경 에너지 정책 등에 힘을 쏟았단다.

기시다 후미오
岸田文雄

비교적 넉넉했던 어린 시절

기시다 후미오는 1957년, 일본 도쿄에서 태어났어. 뉴욕 총영사관에서 근무하던 아버지를 따라 초등학교 저학년 시절은 뉴욕에서 보냈지. 일본으로 돌아와 청소년 시절을 보낸 뒤 와세다대학교 법학부를 졸업하고 일본신용은행에 들어갔어.

"핵무기 없는 세계를 실현하기 위해 전력을 다하겠습니다."

일본의 정치 가문 출신 총리

그러던 1987년, 국회 의원인 아버지의 비서로 정치 생활을 시작했지. 기시다 후미오의 집안은 할아버지, 아버지에 이어 3대에 걸쳐 국회 의원을 지낸 정치 가문이야. 기시다 후미오는 2021년 10월, 일본의 총리로 뽑혔어.

한국과 일본의 관계가 어떻게 달라질지 주목해 보자

기시다 후미오는 항상 수첩을 가지고 다니며 사람들의 이야기를 귀 기울여 듣고, 메모한다고 해. 앞으로 한국과 일본의 관계에 어떤 영향을 미칠지 주목해 보자.

인물 45

김대중

"행동하는 양심이 됩시다!"

사형 선고를 받으면서도 민주화를 외치다

김대중 대통령은 1924년, 전라남도의 하의도에서 태어났어. 청년 시절, 사업을 하기도 했지만 국회 의원에 도전해 그 뜻을 이뤘어. 이를 바탕으로 1971년에는 대통령 선거에도 도전했지. 당시 절대 권력을 휘두르던 박정희 후보에 맞서 아쉽게 패했지만 민주주의 세력의 대표로 자리 잡았어. 이후 간첩으로 몰려 사형 선고를 받으면서도 민주주의를 향한 뜻을 굽히지 않았어.

2000년 노벨 평화상 수상

1997년, 마침내 대통령에 당선되어 경제 위기를 빠르게 이겨 내고, 우리나라를 인터넷 강국으로 만들었어. 우리나라의 민주주의와 인권 수준을 크게 높인 공로를 인정받아 2000년에 노벨 평화상을 받았단다.

조수미

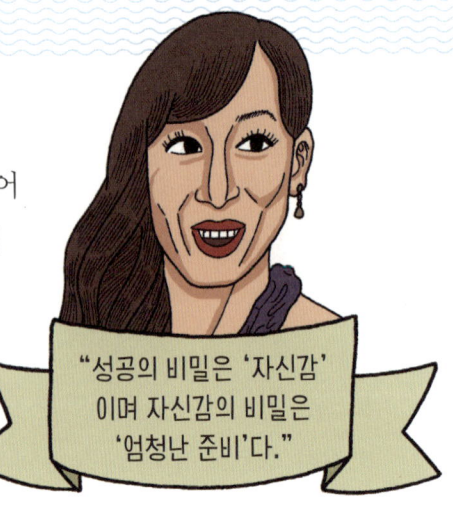

"성공의 비밀은 '자신감'이며 자신감의 비밀은 '엄청난 준비'다."

타고난 음악가이자 노력가

소프라노 조수미는 1962년, 경상남도 창원에서 태어났어. 4살부터 피아노를 치기 시작해 하루 8시간씩 피아노를 칠 정도로 음악에 몰두했대. 초등학교 시절부터 노래 신동으로 소문났는데 결국 서울대학교 성악과에 역대 최고 점수로 합격했어. 그 후 이탈리아 로마의 명문 음악 학교인 산타체칠리아음악원으로 유학을 가지.

신이 주신 선물 같은 목소리

이탈리아에서 공부하는 동안 7개의 콩쿠르에서 우승했으며 수많은 음악 거장들로부터 찬사를 받았어. 1993년에는 최고의 소프라노에게 주는 이탈리아 황금기러기상을 동양인 최초로 받았고, 2008년에는 르네 플레밍, 안젤라 게오르규와 함께 '세계 3대 소프라노'로 선정됐어.

새로운 시도와 끝없는 도전

이에 만족하지 않고 최근에는 실수를 모르는 AI 피아노 연주자와 협연을 하는 등의 새로운 시도도 했지. 내후년에는 프랑스에서 조수미의 이름을 딴 성악 전문 국제 콩쿠르도 생길 예정이야.

인물 47

스티브 잡스
Steve Jobs

깐깐하고 고집스러운 괴짜

스티브 잡스는 1955년, 미국 캘리포니아주에서 태어났어. 어렸을 때부터 학교에 자주 결석했고 사회에 잘 적응하지 못했대. 대학교에 들어가서도 공부에 흥미를 느끼지 못하고 한 학기만에 그만뒀어. 그리고 자기가 좋아하는 공부를 하며, 하고 싶은 일을 찾아 나섰지.

기술보다는 창의력과 아이디어

그러다 친구가 취미로 만든 전자 부품을 보고 눈이 번쩍 뜨였어. 그 뒤 집 차고에 '애플'이라는 전자 제품 만드는 회사를 차렸지. 그렇게 시작한 애플은 개인용 컴퓨터, 휴대용 음악·동영상 재생기, 컴퓨터 기능을 지원하는 휴대폰 등의 기기를 선보였어. 이 기기들은 단순하고 세련된 디자인으로 크게 사랑받았지.

"창의력은 연결하는 능력이다."

영화 사업에서도 큰 성공

1986년에는 영화사 픽사를 세워서 컴퓨터 그래픽 만화 영화 〈토이 스토리〉로 큰 성공을 거두기도 했단다. 안타깝게도 스티브 잡스는 애플의 최고 경영자 자리를 내려놓은 뒤 얼마 되지 않아 세상을 떠났어.

김연아

7살에 시작된 피겨 인생

김연아 선수는 1990년, 부천에서 태어났어. 7살 때 언니를 따라 스케이트장에 놀러 갔다가 처음 피겨 스케이팅을 접한 뒤 흥미를 느꼈어.

피겨밖에 모르는 연습 벌레

김연아 선수는 피겨 불모지와 다름없는 우리나라에 혜성같이 나타난 천재이자 지독한 연습 벌레였어. 피겨 스케이팅에 쓰이는 기술은 자칫 잘못하면 큰 부상으로 이어질 수 있기 때문에 연습을 게을리 해서는 안 돼. 몸이 아픈 날에도 울면서 연습할 정도로 피겨 스케이팅에 매달렸어.

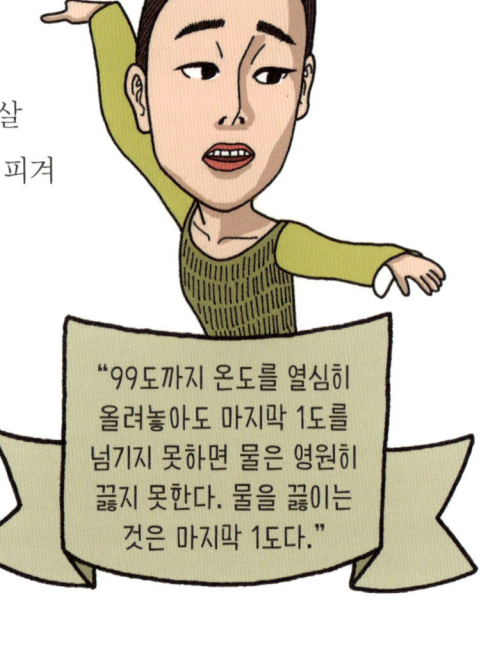

"99도까지 온도를 열심히 올려놓아도 마지막 1도를 넘기지 못하면 물은 영원히 끓지 못한다. 물을 끓이는 것은 마지막 1도다."

피겨의 여왕

그 결과 출전한 모든 대회에서 3위권 안에 드는 '올포디움(All Podium)'이라는 엄청난 기록을 세웠어. 이건 피겨 스케이팅 여자 싱글 부문 최초의 기록이야. 많은 사람들의 기대를 한몸에 받았지만 긴장하지 않고 차분히 연기하며 대회마다 좋은 결과를 냈어. 대한민국 스포츠 역사상 가장 뜨거운 사랑을 받은 슈퍼스타 중 한 명이야.

백남준

"인생에는 되감기 버튼이 없다."

많은 것을 접할 수 있는 환경에서 자라다!
백남준 작가는 1932년, 서울의 부유한 집에서 태어났어. 한국 전쟁이 터지자 일본으로 가 도쿄대학교에서 미학을 공부한 뒤, 독일 뮌헨대학교에서 철학과 음악을 공부했지.

세계 미술계를 발칵 뒤집은 한국의 예술가
젊은 예술가 백남준은 1960년대 중반, 독일과 미국 예술계를 발칵 뒤집었어. 연주하던 피아노를 부수고, 관객의 넥타이와 셔츠를 잘랐거든. 고상한 척하고 어렵기만 한 예술을 비웃고 파괴한 거야.

텔레비전으로 비디오 아트 시대를 열다
대중이 쉽고 편하게 누려야 진정한 예술이라 생각했거든. 그리고 곧 텔레비전으로 눈을 돌렸지. 1970년대 초, 텔레비전을 수백 대 연결해 선보인 비디오 아트는 시대를 앞서가는 예술로 인정받았어.

마크 저커버그
Mark Zuckerberg

"가장 큰 위험은 위험을 감수하지 않는 것이다."

컴퓨터 프로그래밍은 내 운명

1984년, 미국 뉴욕에서 태어난 마크 저커버그는 어려서부터 컴퓨터 프로그래밍에 뛰어난 재능을 보였어. 11살 때 아버지가 운영하는 치과에서 접수원이 의사에게 소리를 지르지 않고도 환자 도착을 알려 주는 컴퓨터 프로그램을 개발할 정도였지.

장난스럽게 만든 페이스북

하버드대학교에 입학해서는 뛰어난 컴퓨터 프로그래밍 실력으로 학생들이 자기 정보를 올리고 공유할 수 있는 사이트인 페이스북을 뚝딱 만들었어. 페이스북은 순식간에 다른 대학교 학생과 일반 사람들에게도 큰 인기를 끌었지.

세계적인 SNS로 자리 잡은 페이스북

페이스북은 사진과 글쓰기 편집이 편리하고, 관심 있는 게시물을 알려 주고, 친구를 맺기도 쉬워. 그래서 세계인이 가장 많이 이용하는 SNS로 자리 잡았지. 덕분에 마크 저커버그는 세계에서 가장 영향력 있는 인물로 떠올랐단다.

종교

불교 • 천주교 • 개신교 • 이슬람교

불교

인도에서 시작된 종교
불교는 기원전 6세기경 인도에서 석가모니가 일으킨 종교야. 불교에 따르면 사람들은 내 것과 네 것을 가르고, 인연에 얽매이고, 끝내 죽음에 이르기 때문에 고통과 슬픔에 빠질 수밖에 없다고 해.

사랑과 평화를 나누고 용서하면서 살아야
이 괴로움을 해결하기 위해서는 먼저 모든 사람에게 사랑과 평화를 나누고 어떤 잘못이라도 용서하면서 살아야 해. 또 세상 모든 것은 영원하지 않고 끊임없이 변하기 때문에 집착하지 말아야 하지.

누구든 깨달음을 얻는 자가 부처
이처럼 열심히 몸과 마음을 수련하면 누구라도 깨달음을 얻는 자, 곧 부처가 될 수 있어. 불교는 특히 아시아 문화권에 널리 퍼져 오늘날까지 깊이 뿌리내렸단다.

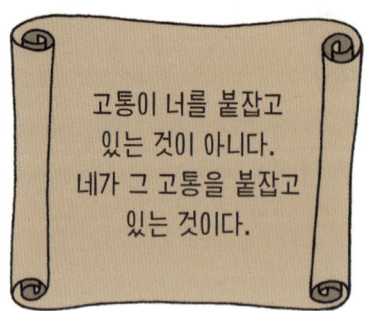

고통이 너를 붙잡고 있는 것이 아니다. 네가 그 고통을 붙잡고 있는 것이다.

천주교

천주교의 최고 지도자는 교황

'천주교'는 하느님과 하느님의 아들 예수 그리스도를 믿는 종교야. 천주교의 최고 지도자는 교황인데 바티칸에 살고 있어. 바티칸은 이탈리아의 수도 로마 안에 있는 아주 작은 나라야. 인구가 약 800명인데 대부분 사제나 수녀라고 해.

가난하고 고통받는 사람을 사랑으로

우리나라에 천주교가 들어온 지 200년이 넘었어. 처음에는 천주교를 믿으면 감옥에 가거나 심한 고문을 받았지. 그때 많은 사람들이 목숨을 잃었는데 이 사람들을 '순교자'라고 해. 지금은 누구나 자기 뜻에 따라 천주교를 믿을 수 있어. 천주교는 세계 곳곳에서 가난하고 힘든 사람들을 돕는 일을 하고 있어.

개신교

미국에서 선교사들이 건너와 교회를 건설

'개신교'도 하나님과 예수를 믿는 종교이지만 아주 오래전 천주교에서 갈라져 나온 종교야. 우리나라에 개신교가 들어온 것은 1800년대쯤이지. 미국에서 건너온 선교사들이 교회를 세우고 하나님의 말씀과 사랑을 전했어.

일제 강점기에는 일본에 맞서 독립운동

선교사들은 교회뿐만 아니라 학교를 세워 신식 교육을 가르치고, 병원을 세워 가난한 사람을 도왔지. 그리고 일제 강점기에는 개신교도들 가운데 독립운동을 이끌었던 사람들이 많았어. 우리나라에서는 굉장히 많은 사람들이 개신교를 믿고 있어.

이슬람교

세계 3대 종교의 하나

이슬람에 대해 많이 들어 봤을 거야. '이슬람'이라는 말은 '평화'와 '복종'이라는 뜻이야. 이슬람교는 하나님을 믿어. 아랍어로 하나님을 '알라'라고 해. 이슬람교는 알라에게 복종하며 평화를 얻는 종교이지. 전 세계에 9억 명이 넘는 사람들이 이슬람교를 믿고 있어.

아라비아와 중앙아시아에서 큰 영향력

이슬람교는 종교와 정치, 사회 공동체를 하나로 단단히 묶으면서 아라비아와 중앙아시아 일대에 큰 세력을 이루었어. 유럽의 기독교와 줄곧 대결을 벌였지만 이슬람의 과학, 수학, 철학 등은 유럽에도 큰 영향을 주었어.

환경

지구 온난화 · 미세 먼지
해양 오염 · 지진 해일 · 지진 · 화산
교토 의정서 · 미세 플라스틱

지구 온난화

땅이 바닷물에 잠기고 있어

뉴스에서 '지구 온난화'라는 말을 많이 들어 봤을 거야. 지구의 온도가 점점 더워지고 있다는 말이지. 지구 온난화로 남극과 북극의 얼음이 녹고, 바닷물이 높아져 땅이 점점 물에 잠기는 나라도 있어. 게다가 지구 곳곳에서 찌는 듯한 무더위가 길게 이어지기도 해.

지구의 온도가 빠르게 변하고 있어

지구의 나이는 46억 년 정도 돼. 이 긴 시간 동안 지구는 아주 더웠던 적도 추웠던 적도 있어. 그런데 지난 백여 년 사이, 인류는 지구가 자연스레 변화하는 속도보다 빠르게 기후를 바꾸어 놓았어. 공장이나 자동차에서 나오는 가스(이산화탄소, 메탄)가 너무 많아졌기 때문이야. 급격한 기후 변화와 기상 이변은 지구 환경을 위협하고 있단다.

미세 먼지

눈에 보이지 않는 아주 작은 먼지

요즘은 하늘이 희뿌옇게 보이는 날이 많아. '미세 먼지' 때문이야. 미세 먼지는 눈에 보이지 않을 만큼 작은 먼지인데 주로 석탄이나 석유 같은 연료를 태울 때 생겨. 미세 먼지는 모든 생명의 건강을 위협하고, 공기와 흙, 그리고 물을 오염시키지.

미세 먼지가 많으면 외출 시 마스크를 써야 해

우리나라는, 우리가 만든 미세 먼지에, 중국에서 날아오는 미세 먼지까지 더해져 두 배로 고통받고 있어. 미세 먼지가 생기면 외출할 때는 마스크를 써야 해. 인터넷에서 검색하면 미세 먼지 정보를 쉽게 확인할 수 있어.

해양 오염

바다가 병들고 있어
바다는 수많은 생명체가 살아가게 하고, 지구의 온도와 강수량을 조절하고, 자연을 청소해. 이처럼 넉넉하고 풍성한 바다가 인간들 때문에 큰 병에 걸려 앓고 있어.

우리가 버린 쓰레기와 물은 모두 바다로
인간이 버린 쓰레기와 생활 하수, 화학 물질, 농약, 산업 쓰레기 따위는 결국 바다로 흘러 들어가. 석유를 싣고 다니는 배, 석유를 퍼 올리는 시설이 사고로 바다에 흘리는 기름도 적지 않아.

우리나라 면적의 16배가 넘는 거대한 쓰레기 섬
이렇게 바다로 흘러 들어간 쓰레기는 해류를 타고 바다를 떠돌다 모이고 모여 바다 곳곳에 거대한 쓰레기 섬을 만들었어. 태평양에는 우리나라 면적의 16배가 넘는 쓰레기 섬이 떠다니고 있어.

지진 해일

바닷물이 거대한 파도를 일으키며 육지로

바다 밑에서 일어난 지진으로 바닷물이 육지로 밀려오는 현상을 '지진 해일'이라고 해. 2004년 인도양의 수마트라섬 근처 바닷속에서 큰 지진이 일어났어. 이때 산처럼 거대한 파도가 스리랑카, 인도, 태국, 인도네시아의 바닷가 마을을 덮쳐서 약 28만 명의 목숨을 앗아갔지.

상상할 수 없는 엄청난 피해를 일으켜

지진 해일은 예측할 수는 있지만 대피 시간이 짧거나 대피 경보 체계가 갖춰지지 않은 경우 그 피해가 상상할 수 없을 만큼 엄청나. 2011년 일본 동북쪽 바다에서 일어난 지진 해일도 깊은 상처를 남겼어. 15,000여 명이 죽고, 약 40만 명이 생활 터전을 잃었지.

〈지진 해일 대처 요령〉
· 최대한 빨리 해안이나 하천을 벗어나 높은 곳으로 대피한다.

〈주의〉
· 수시간 동안 여러 번 반복될 수 있으니 특보가 해제될 때까지 낮은 곳으로 가지 않는다.

지진

땅이 크게 흔들리는 현상

가끔 뉴스에서 지진 소식을 들은 적이 있을 거야. 지진은 지구 속의 힘이 분출되어 땅이 크게 흔들리는 현상이야. 또 화산 활동 때문에 땅이 흔들리면서 일어날 때도 있어. 지진이 일어나면 땅이 크게 요동쳐서 건물이 무너져 많은 사람들이 다치거나 살던 집을 잃게 돼.

지진은 막기도 예측하기도 힘들어

이웃나라 일본은 지진이 자주 일어나는 곳이야. 1995년 일본 고베시에서 일어난 대지진은 도시 전체가 무너져 내렸다고 해도 될 만큼 큰 피해를 입혔어. 바닷속에서 지진이 일어나게 되면 바닷물이 육지로 밀려오기도 하는데 이런 현상을 지진 해일이라고 해. 지진은 어떤 과학 기술로도 막을 수 없고, 예측하기도 힘들어.

화산

지구의 속은 상상할 수 없을 만큼 뜨겁다!

지구의 아주 깊은 곳은 굉장히 뜨겁고(열에너지) 복잡한 곳이야. 이곳에는 암석이 뜨거운 열에 녹아 액체 상태로 변한 마그마가 있어. 마그마는 때때로 지구의 아주 깊은 곳에서부터 땅을 뚫고 올라와 폭발하듯 분출할 때가 있어. 이런 현상을 '화산 활동'이라고 하지.

화산이 폭발하면 빨리 안전한 곳으로 대피해야 돼

화산이 폭발하면 용암(분출한 마그마를 용암이라고 한다)을 비롯한 다양한 물질이 하늘 높이 치솟은 다음 분화구 주변에 쌓이게 돼. 이렇게 쌓여 만들어진 지형을 '화산'이라고 하지. 우리나라의 대표적인 화산은 백두산과 한라산이야. 화산이 폭발하면 화산재 때문에 앞이 보이지 않고 산불이 나거나 지진이 일어날 수도 있어. 빨리 안전한 곳으로 대피해야 돼.

교토 의정서

세계 여러 나라가 온실가스를 줄이기로 약속

지구 온난화 문제가 발등에 떨어진 불처럼 다급해지자 1997년, 세계 여러 나라 대표들이 일본 교토에 모였어. 이들은 선진국이 먼저 2008년부터 2012년까지 지구 온난화를 일으키는 온실가스를 1990년 기준보다 5퍼센트 넘게 줄이자고 약속했지. 이 약속을 '교토 의정서'라고 해.

많은 나라들이 핑계를 대며 탈퇴

교토 의정서가 지켜졌다면 국제 사회가 한마음으로 환경 문제를 해결하기 위한 첫 걸음을 내디딘 셈이었겠지. 하지만 미국, 캐나다, 일본, 러시아가 이런저런 핑계를 들어 차례로 탈퇴했고 자칫 용두사미로 끝날 위기에 놓였어.

미세 플라스틱

바다 위 거대한 쓰레기 섬
1997년, 태평양 한가운데에서 거대한 플라스틱 쓰레기 섬이 처음으로 발견됐어. 현재 이 쓰레기 섬의 무게는 약 8만 톤, 면적은 우리나라보다 약 16배나 넓어.

아주 작게 쪼개진 플라스틱 쓰레기
우리가 버린 플라스틱은 한 해에 천만 톤 넘게 바다로 흘러들고 있어. 이 플라스틱은 바다를 떠다니면서 아주 자그만 알갱이로 쪼개져. 이런 플라스틱을 '미세 플라스틱'이라고 해.

플라스틱 사용을 줄이자
미세 플라스틱은 이미 온 바다에 퍼졌으며, 플랑크톤과 조개와 물고기에서도 발견돼. 우리가 버린 플라스틱은 바다 생태계를 파괴하고, 결국 부메랑이 되어 우리를 덮칠 거야.

우리가 미세 플라스틱을 먹는 과정

문화·예술

공상 과학 소설·세계 유산·노벨상
풍속화·희곡·탈놀이·국악·클래식·오페라
웹툰·아카데미상·베네치아 비엔날레·광주 비엔날레
칸 영화제·빌보드·써클 차트

공상 과학 소설
(SF 소설) Science Fiction

과학적 사실과 문학적 상상력의 만남

200년 전, 한 소설이 사람들을 충격에 빠뜨렸어. 그 소설의 제목은 《프랑켄슈타인》. 과학자 프랑켄슈타인이 죽은 이들의 몸을 이어 붙이고 기계와 화학 약품으로 생명을 불어넣어 인조인간을 만든 이야기였지. 《프랑켄슈타인》처럼 과학 이론과 문학적 상상력이 만난 소설을 '공상 과학 소설'이라고 해.

공상 과학 소설의 과학적 상상력이 현실로 이루어지기도 하지

그 뒤로 바닷속을 여행하고, 외계인을 만나고, 시간 여행을 떠나는 공상 과학 소설이 연이어 등장했어. 공상 과학 소설이 과학적 상상력으로 그려 냈던 우주선, 말하는 컴퓨터, 자율 주행 자동차 등은 정말로 현실이 되기도 했지. 앞으로 또 어떤 멋진 공상 과학 소설이 우리를 신세계로 안내해 줄까?

문화·예술 64

세계 유산

세계 유산은 인류가 꼭 보호해야 할 유산

유엔 교육 과학 문화 기구(유네스코, UNESCO)는 인류가 꼭 보호해야 할 '세계 유산'을 '문화유산'과 '자연 유산' 또는 '복합 유산(문화+자연)'으로 나누어 선정하고 있어. 전 세계에 933개의 문화유산, 227개의 자연 유산, 39개의 복합 유산이 등록되어 있지(2023년 기준).

우리나라에도 세계 유산이 많이 있어

세계 유산이 많은 나라는 이탈리아(59개), 중국(57개), 독일(52개) 순이야(2021년 기준). 우리나라는 16개, 북한은 2개가 선정되었지(2023년 기준). 상대적으로 영토가 작은 나라에서 이렇게 많은 세계 유산을 가졌으니 자랑스러워할 만하지? 그만큼 더 아끼고 잘 보존해야 해.

노벨상

죄책감으로 만든 상

스웨덴 화학자 알프레드 노벨은 다이너마이트를 발명해서 큰돈을 벌었지만, 마냥 기쁘지 않았어. 다이너마이트가 전쟁터에서 수많은 생명을 앗아 갔거든. 노벨은 자기 재산으로 물리학, 화학, 의학, 문학, 평화 분야에서 해마다 빼어난 업적을 이룬 사람에게 상을 주라고 유언을 남겼어. 이 상이 '노벨상'이야.

세계적으로 권위를 인정받는 상

노벨상은 수상자를 뽑는 과정에서 전문성을 지키며 권위를 인정받았어. 또 오랜 역사만큼 흥미로운 수상자도 많아. 국제적십자사는 평화상을 4번이나 받았고, 방사능 연구에 큰 업적을 남긴 마리 퀴리는 물리학상과 화학상을 모두 받았지. 우리나라에서는 김대중 대통령이 평화상을 받았단다.

풍속화

일반 백성도 누릴 수 있게 된 문화생활

18세기 후반 조선 사회에 놀라운 변화가 일어났어. 새로운 농사법이 소개되면서 생산량이 엄청나게 늘어난 거야. 나아가 경제적으로 여유가 생긴 백성들은 문화생활을 즐기기 시작했어. 이전까지는 왕족과 양반 계층만 문화생활을 누렸거든. 미술 분야도 마찬가지였어.

일상의 풍경을 담은 풍속화

미술에 눈뜬 백성들은 무겁고 어려운 내용을 담은 그림보다는 농사를 짓고, 시장에서 물건을 사고팔고, 그네를 타고, 씨름을 하고, 물레를 잣는 것처럼 자기네 일상생활을 그림에 남고 싶어 했어. 그게 비로 '풍속화'지. 풍속화는 민간의 일상이 담긴 그림을 뜻해.

희곡

희곡은 연극 대본

셰익스피어의 《햄릿》, 《로미오와 줄리엣》 같은 작품의 공통점은 무엇일까? 연극 대본, 즉 '희곡'이라는 점이야. 사실 서양에서는 고대 그리스 때부터 셰익스피어가 활동하던 16세기까지 문학 작품은 대부분 시와 희곡이었어. 그때까지 일반 시민들은 글을 몰랐기 때문에 무대에서 노래(시)나 연극으로 이야기를 들려주었던 거지.

우리나라 최초 희곡은 1912년 《병자삼인》

희곡은 대중의 관심사인 정치·전쟁·사랑에 관한 이야기로, 관객 모두 함께 울고 웃으며 큰 인기를 끌었어. 우리나라 최초의 희곡은 1912년에 발표한 조중환 작가의 《병자삼인》이야.

문화·예술 68

탈놀이

춤과 노래, 재미있는 이야기가 어우러진 종합 예술

탈놀이는 탈을 쓰고 춤을 추면서 하는 전통 연극이야. 예부터 마을에서 굿을 하고 난 다음 사람들의 흥을 돋우기 위해 공연했지. 그러다 조선 후기에 들어서면서 마을이나 공터 등 사람들이 많이 모일 수 있는 곳이면 어디든 공연이 시작됐어.

스트레스 풀고 가세

경상북도 안동의 하회 별신굿 탈놀이, 함경남도의 북청 사자놀음, 황해도의 봉산 탈춤과 은율 탈춤 등이 대표적인 탈놀이야. 보통 능력 없고 타락한 양반이나 계율을 어기고 함부로 행동하는 스님을 비웃는 내용을 재미있게 담아냈어. 이런 이야기들은 서민들의 삶의 고단함을 잠시 잊게 해 주지.

국악

우리의 전통 음악

'국악'은 우리 전통 음악으로, 크게 정악과 민속악으로 나눌 수 있어. 정악에는 궁궐에서 연주하던 아악, 양반이 만들어 부르던 가사와 시조 등이 속해. 민속악은 민중이 부르고 연주하던 민요, 판소리, 풍물 등을 말하지.

다양한 장르와 혼합된 국악

방탄소년단의 〈IDOL〉, 이날치와 앰비규어스 댄스 컴퍼니의 〈범 내려온다〉 등은 대중가요에 과감하게 국악 요소를 섞은 노래들이야. 클래식 관현악단과 국악단이 함께 연주하기도 하고, 외국 소설을 판소리로 바꿔 공연하는 등 다양하게 변화하면서 한국 문화 열풍에 힘을 싣고 있어.

클래식
(서양 고전 음악)

교회 음악으로 시작된 엄숙한 분위기

'클래식', 즉 서양 고전 음악은 교회에서 연주하던 음악에 뿌리를 두고 있어. 그러다 보니 엄숙하고 경건한 분위기였지.

18세기쯤 틀을 갖춘 관현악

하지만 시간이 흐를수록 지역마다 특색이 생기고, 악기 구성이나 연주법도 다양해졌어. 사랑이나 자연을 주제로 하기도 하고, 즐겁고 활기찬 음악이 나오는 등 분위기도 다양해졌지. 클래식 하면 떠올리는 관현악단(많은 악기들이 모인 오케스트라)은 18세기쯤 틀이 갖추어졌단다.

오페라

노래, 무용, 연극이 어우러진 오페라
오페라는 관현악 연주에 맞춰 모든 대사를 노래로 하고, 사이사이 무용(발레)도 하는 연극을 말해. 사랑, 결혼, 복수 같은 주제를 이야기로 꾸미고 음악을 입혔지.

오랫동안 많은 사람들의 사랑을 받은 오페라
사람들은 친근한 이야기와 풍성한 음악이 어우러진 오페라의 매력에 푹 빠졌어. 모차르트, 베르디, 바그너, 푸치니 같은 유명한 작곡가들이 곡을 쓰면서 작품에 깊이가 더해졌지.

이제 뮤지컬로 거듭나
오페라 덕분에 클래식은 교회 중심 음악에서 완전히 벗어났어. 오페라는 훗날 다양한 현대 음악과 더불어 뮤지컬로 거듭나.

웹툰

인터넷 시대, 웹툰은 만화의 새로운 길
2000년대 들어 컴퓨터와 인터넷이 빠르게 발달하고 널리 퍼지면서 만화계에도 새로운 길이 열렸단다. 바로 웹툰이지. 인터넷에서 정기적으로 연재하는 만화를 웹툰이라고 해.

우리나라에서 빠르게 성장한 웹툰
처음에 웹툰은 만화책을 스캔해서 인터넷에 올리는 수준이었어. 그러다 점차 만화가들이 컴퓨터 펜마우스로 만화를 직접 그려서 인터넷에 올리기 시작했지.

종이 책 만화와는 다른 웹툰
웹툰은 종이 만화와는 달리 만화 영화처럼 소리를 넣거나 배경 화면을 바꾸는 등 다양한 효과를 주는 게 가능했어. 이에 만화가들은 도전을 마다하지 않았지. 이렇게 발전한 웹툰은 드라마나 영화로 제작되거나 전 세계 각지로 진출하고 있단다.

쌓아 놓고 보는 만화책 시대 → 간편하게 보는 웹툰 시대

문화·예술 73

아카데미상

미국에서 만든 권위 있는 영화 상

대체로 해마다 2월이면 세계 영화계는 아카데미상 시상식이 열리는 미국 할리우드로 눈과 귀가 쏠려. '아카데미상'은 미국에서 만들어지거나 상영된 영화를 대상으로 주는 상이야.

수상자에게는 황금빛 트로피, 오스카!

아카데미 시상식은 작품상, 남·여우주연상, 촬영상, 음악상 등 24가지 부문에 걸쳐 상을 줘. 오스카상이라고도 부르는데 수상자에게 주는 황금빛 트로피를 '오스카'라고 부른 것에서 유래되었어.

무려 4개 부문의 상을 휩쓴 〈기생충〉

2020년에 아카데미 90여 년 역사상 처음으로 영어가 아닌 언어로 만든 영화가 작품상을 받았어. 바로 봉준호 감독의 〈기생충〉이야. 〈기생충〉은 4개 부문에서 상을 받았어. 2021년에는 〈미나리〉에서 연기한 윤여정 배우가 여우조연상을 받았단다.

> 문화·예술
> 74

베네치아 비엔날레

비엔날레는 '2년마다'

베네치아 비엔날레는 이탈리아의 아름다운 건물과 운하가 어우러진 베네치아에서 2년마다 열리는 세계적인 현대 미술 전시회야. '비엔날레'는 '2년마다'라는 뜻이지.

세계 현대 미술을 이끌어 가고 있어

1895년 미술 비엔날레로 시작해 음악, 영화, 연극, 건축, 무용까지 분야를 넓혔어. 전시는 크게 세계 각국 작가들의 작품을 함께 전시하는 '국제 미술 전시'와 각 국가별로 운영하는 '국가관 전시'로 구성돼.

1995년, 한국관 건립

국가관은 29개 나라가 운영하고 있으며 아시아에서는 한국과 일본만 국가관이 있어. 1993년 백남준 작가가 황금사자상을, 2015년 임흥순 작가가 은사자상을 받았단다.

광주 비엔날레

민주주의 정신을 예술로
광주광역시는 광주 민주화 운동을 거치며 민주주의를 상징하는 도시로 자리매김했어. 민주주의 정신을 예술로 피워 올리기 위해 시작된 광주 비엔날레는 1995년부터 2년마다 한 번씩 열려.

현대 미술에 아시아의 색깔을 덧칠
광주 비엔날레는 그동안 '경계를 넘어', '지구의 여백' 같은 주제 아래 세계의 현대 미술 작가들과 국내 작가들이 함께 전시회를 열었어. 특히 서양 중심의 현대 미술에 아시아의 색깔을 덧칠해 독특한 전시회를 열었어.

다양한 현대 미술의 세계를 경험
현대 미술은 회화에서 벗어나 영상 등의 매체들로 미디어 아트, 설치 미술 등 다양한 장르의 작품을 선보여. 현대 미술을 제대로 경험하고 싶다면 꼭 들러 봐.

문화·예술 76

칸 영화제

세계 3대 영화제 가운데 하나
칸 영화제는 베를린 영화제, 베네치아 영화제와 함께 세계 3대 영화제 중 하나야. 1946년부터 프랑스 남부 해안 도시인 칸에서 대체로 매년 5월에 열리고 있어.

최고상은 황금종려상
황금종려상, 감독상, 남우주연상, 여우주연상 등 여러 부문으로 나눠 상을 주고 있어. 그중 최고의 작품에 주어지는 상이 황금종려상이지.

봉준호 감독, 2019년 황금종려상 수상
한국의 영화인들도 칸 영화제에서 상을 많이 받았어. 2002년 임권택 감독이 〈취화선〉으로 감독상, 2007년 전도연 배우가 〈밀양〉으로 여우주연상, 2019년 봉준호 감독이 〈기생충〉으로 황금종려상, 2022년에는 송강호 배우가 〈브로커〉로 남우주연상, 박찬욱 감독이 〈헤어질 결심〉으로 감독상을 받았단다.

빌보드
billboard

미국의 인기 음악 순위 차트

〈빌보드〉는 1894년에 미국에서 처음 펴낸 음악 잡지로, 1930년대에 대표적인 음악 전문 잡지로 자리 잡았어. 이때부터 주마다 음반 판매, 라디오 방송, 스트리밍 횟수를 합쳐 인기 음악 순위를 발표했지. 곡을 기준으로 순위를 매기는 '빌보드 핫 100', 앨범을 기준으로 하는 '빌보드 200', 매년 연말 그해 가장 인기 있었던 곡의 순위를 매기는 '연말 차트' 등이 있어.

방탄소년단 '빌보드 핫 100' 9주째 1위

근래에 뉴진스, (여자)아이들, 방탄소년단, 블랙핑크 등 우리나라의 가수들이 빌보드 차트에 이름을 올리고 있어. 그중 방탄소년단은 〈버터(Butter)〉로 '빌보드 핫 100'에서 9주째 1위에 올랐단다(2021년 9월 기준).

문화·예술
78

써클 차트

대중음악 순위를 매기는 차트

음반 판매량이나 인터넷 다운로드 횟수를 헤아려 대중음악의 순위를 매기는 차트를 '음반 차트'라고 해. 각 나라마다 자기만의 음반 차트가 있어. 미국에는 빌보드 차트, 영국에는 오피셜 차트, 일본에는 오리콘 차트 등이 있지.

디지털 중심의 음원 차트

우리나라에서 가장 인정받는 대중음악 음반 차트는 '써클 차트'야. 2010년에 처음 생겼는데 그때 이름은 '가온 차트'였어. '가온'이라는 말은 순우리말로 '가운데' 또는 '중심'이라는 뜻이지. 써클 차트는 주로 디지털 음원 중심으로 스트리밍 횟수, 다운로드 횟수, 배경 음악 횟수를 헤아려 순위를 매겨. 2012년부터는 대중음악 종합 시상식인 써클 차트 뮤직 어워즈도 열고 있어.

국제

국제 연합・국제기구・G20
유럽 연합・아세안・경제 협력 개발 기구
국제 조약・팬데믹・인터폴

국제 연합
(UN) United Nations

우리 모두 평화롭게 살 수는 없을까?

제2차 세계 대전은 인류가 쌓아 올린 빛나는 문명을 일순간에 파괴했어. 인간의 존엄마저 송두리째 부서졌지. 어떻게 하면 전쟁을 막고, 평화롭게 지낼 수 있을까?

국제법을 만들고, 평화 유지군을 보내고, 가난한 나라를 도와

국제 사회는 모든 나라가 함께하는 국제기구를 만들어서 문제를 풀어 가기로 했어. 이로써 국제 연합이 탄생했지. 국제 연합은 미국 뉴욕에 본부를 두고 해마다 총회를 열어 중요한 안건을 처리해. 또 국제법을 만들어 재판을 열고, 평화 유지군을 보내 분쟁을 해결하며, 가난한 나라의 경제와 교육과 의료 발전을 돕는 등 수없이 많은 일을 하고 있단다. 우리나라는 1991년 남북한이 함께 유엔에 가입했어.

국제기구

특별한 목적을 위해 여러 나라가 모여 만든 기구

국제기구는 어떤 목적을 위해 두 나라 이상이 모여 만든 조직이야. 세계에는 수백 개의 나라가 있고 이들 나라는 홀로 살아갈 수 없어. 서로 다른 나라와 정치, 경제, 문화를 주고받아야 하지. 그래서 각 나라는 필요에 따라 협약을 맺거나 공통의 목표를 이루기 위해 국제기구를 만들어.

목적에 따른 다양한 국제기구

국제기구로는 유엔을 비롯해서, 노동자의 권리를 보살피는 국제 노동 기구, 국제 범죄를 해결하는 국제 형사 경찰 기구, 무역이 잘 이뤄지도록 돕는 세계 무역 기구 등이 있단다.

G20
Group of 20

경제력과 군사력에 따라 영향력이 달라

국제 사회는 자기 나라의 이익을 위해서 다른 나라와 협력하기도 하고 경쟁하기도 해. 이때 경제력과 군사력 등이 발달한 나라가 힘이 셀 수밖에 없어.

우리나라도 G20 회원국!

G20은 19개의 나라와 2개의 국가 연합이 모인 국제기구야. 경제 강대국 7개 나라(미국·독일·일본·영국·프랑스·캐나다·이탈리아), 주요 경제 발전국 12개 나라(한국·중국·인도·호주·브라질·아르헨티나·인도네시아·러시아·사우디아라비아·멕시코·튀르키예·남아프리카공화국), 그리고 유럽 연합과 아프리카 연합이 회원국이지.

G20은 세계 경제에 큰 영향력을 행사해

G20 국가들은 세계 인구의 60퍼센트, 전 세계 총생산량의 80퍼센트, 세계 교역량의 75퍼센트를 차지해. 그만큼 세계 경제에 절대적인 영향력을 끼치고 있어.

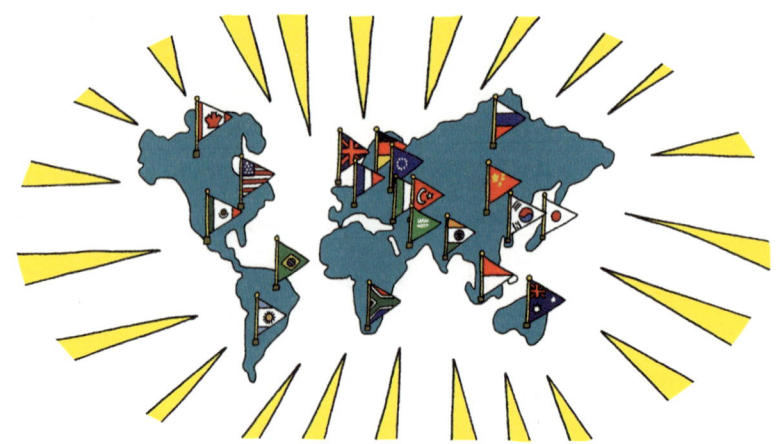

유럽 연합
(EU) European Union

유럽의 경제 사회 발전을 위한 기구

유럽 연합은 1994년 1월, 유럽 지역의 경제와 사회 발전을 위해 여러 나라들이 모여 만든 국가 연합이야. 만들 당시 회원국은 12개 나라였는데 지금은 27개 나라지. 영국은 2020년 유럽 연합을 탈퇴했어.

유럽 연합 나라끼리는 자유롭게 오갈 수 있어

유럽 연합에 가입한 나라들끼리는 각 나라의 주권과 국경선을 인정하면서도 자유롭게 오갈 수 있고, 화폐도 유로화만 사용해. 또 교육과 의료 혜택도 비슷하게 받을 수 있지. 유럽 연합은 경제뿐만 아니라 법·정치·문화도 하나로 묶는 중이야.

아세안
(ASEAN) Association of South-East Asian Nations

다양한 인종, 종교, 문화가 어우러진 동남아시아

동남아시아는 지리적으로 인도와 중국 사이에 있고, 좀 더 크게 보자면 아시아에서 유럽으로 가는 길목에 있어. 그러다 보니 예로부터 세계 문명의 교차로 역할을 하면서 항구 도시가 발달했고, 다양한 인종, 종교, 문화가 어우러졌지.

동남아시아의 경제 성장과 평화를 위한 국제기구

한편으로는 끊임없이 강대국의 침략을 받으면서 20세기 후반까지 정치·경제가 불안했어. '아세안'은 1967년, 말레이시아·인도네시아·필리핀·태국을 비롯한 동남아시아 국가들이 정치·경제·문화 공동체를 이루기 위해 만든 국제기구야.

국제 84 경제 협력 개발 기구

(OECD) Organization for Economic Cooperation Development

우리나라는 29번째 회원국

경제 협력 개발 기구는 세계 경제에서 대체로 상위권에 자리 잡은 나라들이 모여 만든 국제기구야. 우리나라는 1996년 29번째 회원국으로 가입했지. 1961년에 시작된 이 기구는 2021년 기준, 38개 나라가 가입했어.

세계 곳곳의 다양한 경제 분야에 대한 논의

이 기구는 나라 사이의 경제, 무역 문제를 조정하고, 개발 도상국(경제 발전이 늦은 나라)을 돕기도 해. 이 밖에도 세금, 에너지, 환경 등 다양한 분야에 대해 의논해. 매년 5월 프랑스 파리에서 회의를 열지.

국제 조약

나라와 나라끼리의 약속
'국제 조약'이란 두 나라, 또는 여러 나라가 함께 맺는 약속을 말해. 예를 들어 유엔 헌장은 유엔 회원국 사이에 맺어진 국제 조약이야.

국제 조약은 함부로 어길 수 없어
만약 국제 조약을 어기면 어떻게 될까? 한번 맺은 조약은 함부로 깨뜨릴 수 없어. 국제 조약을 어기면 국제 사회에서 신용이 떨어지고 새로운 조약을 맺기가 어려워지거든.

우리나라가 맺은 국제 조약은 3418건
우리나라는 경제, 사회, 문화, 군사 등 다양한 분야의 국제 조약을 맺고 있어. 2022년 12월 기준, 총 3470건의 국제 조약을 맺었단다.

팬데믹
pandemic

팬데믹은 전염병 위험 단계 중 가장 위험

세계 보건 기구(WHO)는 전염병을 관리하는 국제기구야. 이곳에서는 전염병 위험을 6단계로 나눠 관리하는데 가장 위험한 6단계를 '팬데믹'이라고 해.

크게 유행 중이다!

팬데믹은 '대유행'이라는 뜻이야. 세계 보건 기구는 두 개 이상의 대륙에서 전염병이 일어나면 대유행, 즉 팬데믹을 선언해.

팬데믹은 지금까지 총 세 번

세계 보건 기구는 지금까지 총 세 번의 팬데믹을 선언했는데 1968년 홍콩독감, 2009년 신종플루, 2020년 코로나19야.

국제 87

인터폴
(ICPO) International Criminal Police Organization

해외로 도망가도 소용없어

사이버 범죄를 저지른 김도둑 씨는 경찰을 피해 다른 나라로 도망쳤어. 하지만 다른 나라에 도착하자마자 그곳 경찰에 붙잡혔지. 우리나라에서 인터폴(국제 형사 경찰 기구)에 도움을 요청했거든. 인터폴은 1956년에 세워진 국제기구로, 거의 모든 나라가 회원국으로 가입되어 있어. 범죄를 저지르고 외국으로 도망간 범죄자를 붙잡기 위해 만든 국제기구야.

범죄자의 정보를 여러 나라가 공유해

인터폴에 가입한 나라들은 서로 도와 범죄자를 잡아서 원래 나라로 돌려보내. 인터폴 수배 명단에 오른 범죄자의 개인 정보, 지문, 유전자 정보 등은 전 세계 경찰이 공유한단다.

외국으로 도망친 범죄자 찾기 도움 요청.

숨어 있는 범죄자 찾음.

원래 나라로 돌려보냄.

경제

사회 보험・보험・전자 화폐
IC카드・지역 화폐・신용 카드・이자
저작권・은행 대출・세금・전자 상거래・주식
최저 임금・경제 민주화

사회 보험

사회적 위험을 보호하는 공적인 보험

모든 사람은 살아가면서 질병, 장애, 노령, 실업, 사망 등 여러 가지 어려움을 겪게 돼. 사회 보험은 이런 사회적 위험을 국가가 보호하는 사회 보장 제도야.

어려운 일을 겪어도 기본적인 생활은 할 수 있어

사회 보험은 국민연금(나이가 들거나 사고 등으로 돈을 벌 수 없을 때를 대비해 기본적인 생활비를 주는 연금), 국민건강보험(병을 앓거나 다쳤을 때 치료비 부담을 덜어 주는 보험), 고용보험(일자리를 잃었을 때 다시 일자리를 얻을 때까지 매달 생활비를 주는 보험), 산업재해보험(일을 하다 다쳤을 때 치료비와 그 가족들의 기본 생활비를 주는 보험) 등 4가지가 있어.

사회 보험은 의무적으로 가입해야 해

사회 보험은 우리나라 국민 모두 의무적으로 가입해야 해. 보험료는 나라, 기업, 개인이 나누어 내고, 소득 수준에 따라 내는 보험료가 다르지. 많이 버는 사람은 많이 내고 적게 버는 사람은 적게 내.

보험

걱정은 그만, 우리에게는 보험이 있다!

걱정쟁이 친구 박근심은 이불 밖으로 나오지 않아. 발이라도 부러질까, 교통사고라도 나지 않을까. 박근심을 안심시켜 줄 든든한 선물이 있으니 바로 보험이야. 보험에 든 사람들이 조금씩 돈을 내면, 보험 회사는 그 돈을 모아 사고를 당한 사람에게 줘. 박근심 같은 친구가 한둘이 아니라 오늘날 보험 종류는 아주 많아.

다양한 보험 종류

질병·자동차·여행·금융 같은 보험은 물론, 반려 동물 보험, 목소리·손 같은 몸의 특정 부위에 관한 보험, UFO 납치 상황에 대비하는 보험, 대식가를 위한 보험, 학교 폭력 보험 등도 있어.

전자 화폐

미리 입금하는 것은 필수

전자 화폐는 돈을 전자 정보로 바꿔 놓은 거야. IC카드형과 네트워크형 2종류가 있어. 둘 다 금융 기관에 돈을 미리 입금해 놓아야 쓸 수 있지.

현금 없이 간편한 결제

IC카드는 개인 정보가 기록된 카드인데 IC카드형은 금융 기관에 일정한 금액을 입금한 다음 그 범위 안에서만 사용하는 거야. 티머니 같은 교통 카드가 여기에 해당하지. 네트워크형은 인터넷에서만 사용할 수 있어. 온라인 쇼핑몰이나 게임 사이트에 미리 일정 금액을 입금한 다음 현금처럼 사용할 수 있는 게 네트워크형이야.

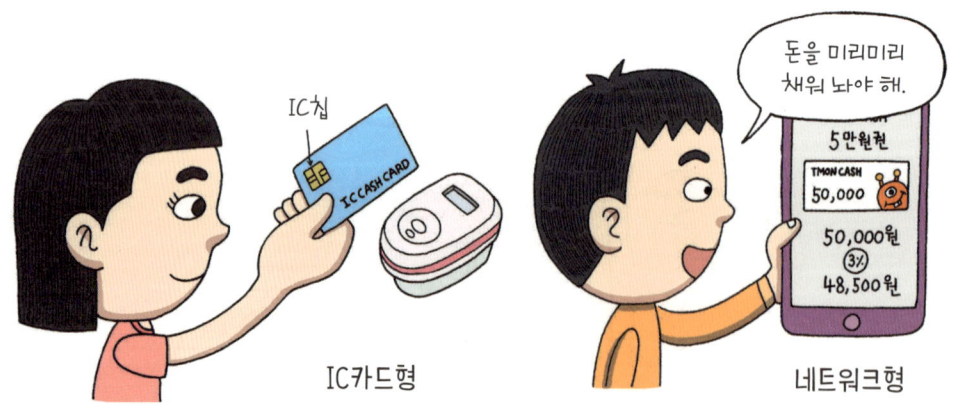

IC카드
Integrated Circuit card

마그네틱 카드의 한계
어른들이 쓰는 말 가운데 '카드를 긁는다'는 어떤 뜻일까? 예전에는 신용 카드 뒷면에 마그네틱 테이프가 길게 붙어 있었어. 인식기에 카드를 꽂아 위에서 아래로 긁어내리면 결제가 가능했지. 그런데 이 마그네틱 카드는 정보 저장량이 적고, 정보를 빼돌리기 쉬워.

이제는 IC카드의 시대
이런 단점 때문에 요즘에는 카드 앞면에 반도체 집적 회로 칩(IC칩)을 심은 IC카드를 사용해. 집적 회로 칩은 많은 정보를 저장할 수 있고, 또 정보가 암호화되어 있어서 안전해. IC카느는 칩 부분을 인식기에 맞대기나 꽂아서 결제해.

지역 화폐

특정 지역에서만 사용할 수 있는 화폐
우리가 평소에 사용하는 돈은 나라에서 발행하는 '법정 화폐'야. '지역 화폐'는 특성 지역에서 발행하고 그 지역에서만 사용할 수 있는 화폐지.

작은 상점이나 전통 시장에서만 사용할 수 있어
지역 화폐는 해당 지역에 있는 작은 규모의 경제를 발전시키기 위해 발행하는 거야. 따라서 백화점, 대형 마트 등 대기업이 운영하는 데에서는 사용할 수 없지. 작은 상점이나 전통 시장에서 현금처럼 사용할 수 있어.

할인이나 포인트를 적립하자!
지역마다 다르지만 지역 화폐를 사용하면 할인해 주거나 포인트를 적립해 주는 곳이 많아. 지역 화폐를 잘 사용하면 가정 경제에 보탬이 되지.

신용 카드

물건을 사면 신용 카드 회사가 대신 돈을 내 줘
신용 카드는 물건을 살 때 카드 회사가 먼저 결제한 다음, 사용자가 나중에 카드 회사에 돈을 내는 거래 방식이야.

돈을 가지고 다닐 필요가 없어
신용 카드를 사용하면 사람들은 현금을 가지고 다니지 않아서 좋고, 가게는 외상이 없어져서 좋고, 정부는 투명한 거래 내용에 따라 세금을 매길 수 있어서 좋아. 요즘은 신용카드를 핸드폰에 등록해서 더욱 편리하게 사용할 수 있어.

자기 능력에 맞게 사용하는 게 중요해
당장 돈이 없어도 신용 카드로 물건을 살 수 있어. 그래서 자기가 갚을 수 있는 금액보다 많은 물건을 산 뒤 카드 회사에 돈을 갚지 못해 곤란한 일을 겪는 사람도 많아.

이자

돈을 빌릴 때는 돈을 내야 해
이자는 다른 사람에게 돈을 빌려 쓸 때 치르는 일정한 대가야. 정해진 기간 안에 빌린 돈을 갚되 빌린 값으로 이자를 내는 거지.

은행에 저축하면 이자가 나와
은행에 돈을 저축하면 이자가 생겨. 고객이 은행에 저축을 하면 은행은 그 돈을 필요한 사람들에게 빌려줘. 그런 다음 빌려준 돈과 기간에 대한 이자를 받지. 그 이자를 은행과 저축한 사람이 나눠 갖는 거야.

저작권

저작권은 법에 따른 작가들의 권리

저작권이란 노래, 그림, 동화나 소설, 영화 같은 창작물을 만든 작가에게 해당 창작물에 대한 권리를 법으로 보장하는 거야. 만약 다른 사람이 이 창작물을 사용하고 싶다면 작가의 동의를 얻고, 사용료를 내야 해. 대부분 나라에서는 작가가 죽은 뒤 70년까지 저작권으로 창작물을 보호하고 있어.

저작권은 영원하지 않다

다른 재산은 영원히 소유권이 인정되는데, 왜 창작물은 일정 기간만 보호되는 걸까? 그래야 작가의 창작물을 자유롭게 사용하면서 다른 창작물을 만드는 데에 도움을 받고, 문화도 더 발전할 수 있거든.

은행 대출

대출을 받으면 이자를 내
은행에서 돈을 빌리는 것을 '대출'이라고 해. 아무한테나 빌려주는 건 아니고, 직업이나 재산 등에 따라 빌려주는 돈의 액수가 정해지지. 물론 이자도 내야 해.

대출을 받아 사업을 하고 재산을 늘려
집을 사거나 사업을 하려는데 돈을 부족함 없이 쌓아 두고 있는 사람은 드물어. 그럴 때 대출을 받은 다음, 돈을 벌면서 조금씩 갚아 나가는 거지. 대출을 잘 이용하면 재산을 늘릴 수도 있어.

대출을 받을 때는 깊게 고민해야 해
대출은 경제가 살아 움직이는 데 윤활유 같은 역할을 해. 단, 대출을 받을 때는 정말로 필요한 자금인지, 갚을 수 있는지 등에 대해 깊이 고민해야 해.

세금

세금을 내지 않는 사람은 없어

나라 살림을 꾸리는 정부나 지역 살림을 꾸리는 지방 자치 단체에서 필요한 경비를 마련하기 위해 국민에게 걷는 돈을 '세금'이라고 해. 한 나라의 국민은 누구든 세금을 내지. 물건을 사고, 식당에서 밥을 먹고, 버스와 지하철을 타고, 전깃불을 켤 때마다 세금이 붙어. 또 개인은 가진 재산과 수입에 따라, 기업은 이익에 따라 세금을 내.

세금은 우리가 안전하고 편안하게 살 수 있게 해

세금으로 교육 수준을 높이고, 군대로 나라를 지키며, 정부와 지역의 살림살이를 운영하고, 사회 기반 시설(도로, 통신, 수도 등)을 세워. 또 노인이나 가난한 이들의 생활을 돕거나 의료비를 지원하고 외교 활동을 하는 데도 쓰이지. 세금은 모든 국민이 인간답게 존중받고 안전하게 살아가는 데 꼭 필요해.

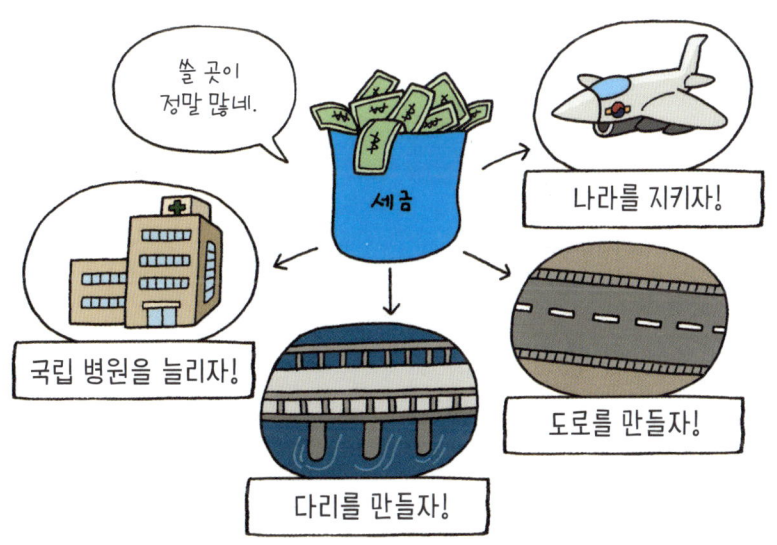

경제 98

전자 상거래

인터넷에서 살 수 없는 물건이 있을까?

우리가 쓰는 물건 가운데 인터넷에서 팔지 않는 게 있을까? 아무리 생각해 봐도 없어. 다른 나라에서 만든 물건도 살 수 있거든. 회사와 회사, 나라와 나라 사이의 거래도 인터넷으로 이뤄지지.

전자 상거래는 편리하고 시간과 비용을 아낄 수 있어

인터넷이나 전화 등으로 물건을 사고파는 것을 '전자 상거래'라고 해. 인터넷으로 다양한 상품을 한눈에 볼 수 있어 선택의 폭이 넓고, 직접 물건을 고르러 다니지 않기 때문에 시간과 비용을 아껴 줘. 또 파는 사람과 사는 사람 사이에 중간 유통 과정을 거치지 않고 직접 거래하기 때문에 양쪽 모두에게 더 많은 이익을 줘.

주식

주식회사는 주식을 발행해 돈을 모아
주식회사란 '주식'을 발행해 사업 자금을 모아 운영하는 회사야. 주식을 가진 사람은 그 회사의 주인으로서 운영에 참여하고, 이익이 나면 나눠 가지며, 손해가 나면 함께 책임지지.

주식회사의 가장 높은 사람은 주주
주식회사에서 가장 높은 사람은 회장이 아니라 주식을 갖고 있는 '주주'야. 주주들은 일정한 날에 모여 회사의 여러 가지 일을 결정해. 이 회의를 '주주총회'라고 해.

주식을 사고팔아 이익을 낼 수도 있어
오늘날 대부분 회사는 주식회사로 운영되며, 누구라도 주식 거래소 등에서 주식을 사고팔 수 있어. 거래를 통해 이익을 내는 투자 수단으로 여겨지기도 해.

경제 100

최저 임금

최저 임금보다 낮은 임금을 주면 안 돼

노동자가 일정 수준 이상의 임금을 받을 수 있도록 법으로 정한 기준을 최저 임금이라고 해. 2023년 기준으로 최저 임금은 시간당 9620원이지. 최저 임금은 해마다 새롭게 결정되는데 2024년은 9860원으로 결정되었어. 어떤 경우에도 이보다 낮은 임금을 주면 법에 따른 처벌을 받게 돼.

노동자가 인간답게 살아가기 위해 꼭 받아야 하는 임금

최저 임금은 매년 여러 사람들이 모여 의논한 뒤 조금씩 올리고 있어. 최저 임금은 노동자가 인갑답게 살아가기 위해 꼭 필요한 임금이지. 하지만 최저 임금만 받고 불편하지 않게 살아갈 수 있는 사람은 없어. 그래서 최저 임금을 더 올려야 한다는 주장이 많아.

경제 민주화

돈이 많을수록 경쟁에서 유리한 사회

천 원을 가진 사람과 만 원을 가진 사람이 가게를 차리면 어떤 가게가 살아남을까? 열에 아홉은 만 원으로 차린 가게겠지. 자본주의 사회에서는 돈이 많을수록 경쟁에서 유리해. 이런 현상이 되풀이되면 몇몇 대기업이나 부자가 사업과 돈을 독차지하겠지?

경제 민주화는 서로 공정하게 경쟁하는 것

민주주의 사회는 자유롭게 공정한 경쟁을 하는 곳이야. 하지만 공정한 경쟁을 하더라도 무분별한 경쟁, 끝없는 경쟁은 결국 불평등을 낳게 돼. 그래서 부자와 가난한 사람의 소득 차이가 크게 벌어지면 부자에게 세금을 더 많이 걷어 가난한 사람에게 실업 수당도 주고 생계비도 지원해 주는 것을 경제 민주화라고 해. 힘이 약한 중소기업에도 가난한 사람에게도 기회를 주는 것이 '경제 민주화'라고 할 수 있어. 부자만 살아남는다면 그 사회는 공정하지도 행복하지도 않아.

정치·사회

유통 기한 / 소비 기한·인권·차별
난민·빈곤·헌법·헌법 재판소·탄핵·선거
사법부·행정부·입법부·삼권 분립·특별 검사
고위 공직자 범죄 수사처·비대면 서비스·보이스 피싱
공공 의료·동물권·무상 급식·의무 교육
개인 정보·고령 사회·저출산 사회

유통 기한 / 소비 기한

유통 기한은 식품을 팔 수 있는 기한

우유, 빵, 고추장, 라면 등 상하거나 변질될 수 있는 식품은 상점에서 팔 수 있는 기한이 정해져 있어. 그 기한을 유통 기한이라고 해. 유통 기한이 지나면 식품이 변질되지 않았더라도 팔 수 없어.

소비 기한은 식품을 사 온 뒤 먹을 수 있는 기한

유통 기한 안에 사 온 식품은 보관 방법에 따라 잘 보관해야 해. 하지만 그렇게 잘 보관해도 각 식품마다 먹을 수 있는 기한은 정해져 있어. 그 기한이 소비 기한이야. 예를 들어 우유는 유통 기한이 지난 뒤 45일, 라면은 8개월이지. 소비 기한이 지나면 먹으면 안 돼. 2023년부터 유통 기한 대신 소비 기한이 표시되고 있어.

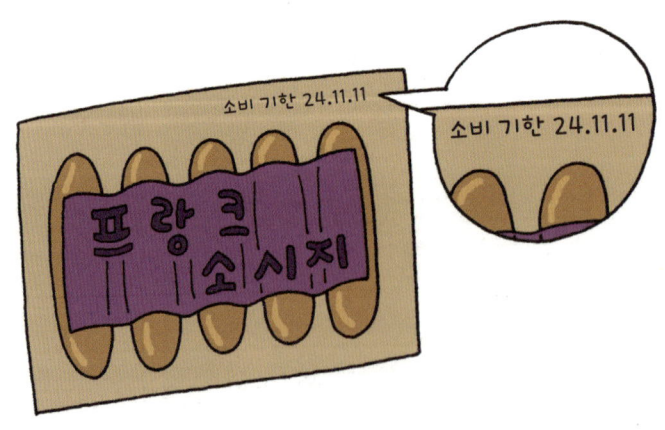

인권

인간이라면 누구나 누릴 수 있는 권리
'인권'은 인간이라면 누구나 차별 없이 인간답게 살 수 있는 기본적인 권리야. 피부색, 성별, 장애 등에 상관없이 모든 인간이 똑같이 누릴 수 있는 권리지.

어떤 영역에서도 차별할 수 없어
우리나라 헌법 제11조에는 '모든 국민은 법 앞에 평등하다. 누구든지 성별, 종교 또는 신분에 따라 정치·경제·사회·문화 생활의 모든 영역에서 차별받지 아니한다.'라고 되어 있어.

인간으로서 존중받고 행복을 추구할 권리
누구나 자유롭게 직업과 종교를 선택할 수 있어. 또 법의 절차에 따르지 않고 함부로 체포하거나 가둘 수 없어. 인간이라면 누구나 존중받고 행복을 추구할 권리가 있단다.

차별

차별은 우리 사회의 고치기 어려운 병

차별은 역사적으로도 아주 오랫동안 지속되었어. 오래전부터 인류는 태어나자마자 신분이 정해졌고, 나라와 인종과 종교가 다르다는 이유로 차별하기도 했지. 또 여성이라는 이유로 많은 권리와 기회를 빼앗기기도 했어.

다르다고 차별해도 될까?

이 밖에도 못생겨서, 공부를 못해서, 가난해서, 뚱뚱해서, 몸이 불편해서, 말이 어눌해서, 성격이 이상해서, 피부색이 달라서… 등 차별의 이유는 수백 가지도 넘어.

차별은 우리 모두를 불행하게 해

차별은 결국 모두에게 씻을 수 없는 상처를 남기고 불행에 빠뜨려. 우리는 생김새와 생각이 제각각 달라. 이 차이를 인정하고 받아들일 때 우리 사회는 더욱 행복해질 거야.

난민

자기 나라를 떠날 수밖에 없는 사람들

인종, 종교, 국적, 정치적인 생각이 다르다는 이유로 괴롭힘을 당해 자기 나라를 떠날 수밖에 없는 사람을 '난민'이라고 해. 전 세계에는 무려 7700만 명에 가까운 사람들이 난민 상태에 놓여 있어.

우리나라에는 난민법이 있어

우리나라에서는 2012년 '난민법'이 정해졌어. 인종, 종교, 국적, 정치적인 이유로 자기 나라로 돌아갈 수 없는 사람을 보호하는 법이야.

난민으로 인정받으려면 법무부 장관에게 신청을 해야 해. 우리나라에 최초로 난민 신청이 접수된 1994년 4월부터 2022년 4월 말까지 난민 신청을 한 사람은 74,610명이고 이중 총 3618명이 난민으로 인정 및 보호를 받고 있어.

빈곤

아직도 빈곤으로 고통받는 나라가 많아
빈곤이란 경제적으로 어렵고 힘들게 살아가는 것을 뜻해. 세계 여러 나라에는 아직도 빈곤으로 고통받는 사람들이 많아.

나라와 부모를 선택해 태어날 수는 없어
이 세상에 나라와 부모를 선택해서 태어난 사람은 없어. 가난한 나라나 부모 밑에서 태어나면 교육을 받을 기회도 없이 어린 나이에 돈을 벌어야 하는 경우도 많아.

게을러서 가난한 게 아니야
가난한 나라의 사람들은 게을러서 가난한 게 아니야. 정치가들이 부를 독차지하는 일도 많고, 식민지 시기를 거치면서 나라와 나라 사이에 불평등한 일도 많이 생기기 때문이야.

헌법

헌법은 나라의 기본이 되는 최고의 법

헌법은 나라의 가장 중심이 되는 법이자 최고의 법이야. 헌법에는 정부를 어떻게 구성하고 꾸려 갈 것인지에 대한 규칙과 질서가 담겨 있어. 또한 모든 국민이 사람답게 살 권리를 보장해야 한다는 내용도 담겨 있지.

헌법을 고치려면 국민과 국회의 동의가 필요

헌법을 고치는 것을 헌법 개정이라고 하는데 줄여서 '개헌'이라고 해. 개헌을 하려면 국회의 동의를 얻은 뒤 국민 투표를 거쳐야 하지. 우리나라는 그동안 9차례 개헌을 했어. 1987년 국민 투표를 통해 헌법을 바꿀 때 대통령 선거를 직접 선거로 바꿨어.

헌법 재판소

누구도 간섭할 수 없는 독립 기관

헌법 재판소는 대통령도 간섭할 수 없는 독립 기관이야. 재판관은 모두 9명. 모두 대통령이 임명하지만 3명은 대통령이 지명하고, 3명은 국회에서 추천하고, 3명은 대법원장이 추천해. 최대한 중립을 지키기 위해서야.

헌법에 어긋난 일을 심판한다!

헌법 재판소는 무슨 일을 할까? 먼저 우리나라의 법이 헌법에 어긋난 부분이 없는지 심사해. 고위 공무원을 그만두게 하거나 헌법을 어긴 정당을 없애야 하는지를 심사해. 국가 기관 사이에 법적 다툼이 생기거나 헌법에 보장된 국민의 기본권이 다른 법률이나 국가 기관에 의해 침해당한 경우 이를 심판한단다.

약 150여 개의 민주주의 나라 중 90여 개 나라에 헌법 재판소가 있어.

탄핵

고위 공무원을 물러나게 하는 과정
대통령, 국무 위원, 법관 등 높은 지위에 있는 공무원들이 법을 어기면 국회와 헌법 재판소에서 물러나게 하는 절차를 거쳐야 하는데 이 과정을 '탄핵'이라고 해.

탄핵 소추와 탄핵 심판
탄핵을 국회에서 결정하면 헌법 재판소로 넘어가. 이 과정을 '탄핵 소추'라고 하지. 헌법 재판소에서는 탄핵이 법에 맞는지 재판을 통해 최종적으로 결정해. 이 과정을 '탄핵 심판'이라 해.

탄핵 소추는 어떤 과정을 밟을까?
대통령을 탄핵할 경우, 국회 의원의 절반이 동의하면 탄핵 소추에 대한 투표를 할 수 있어. 투표에서 국회 의원의 3분의 2가 찬성하면 탄핵 소추가 결정돼. 대통령 이외의 공무원을 탄핵할 경우 국회 의원의 3분의 1이 동의하면 탄핵 소추에 대한 투표를 할 수 있어. 그리고 국회 의원의 절반이 찬성하면 탄핵 소추가 결정된단다.

선거

투표로 대표자를 뽑는 일

선거는 투표를 통해 반장, 국회 의원, 대통령 등 대표자를 뽑는 일이야. 반장 선거에서는 성격이 좋거나, 공부를 잘하거나, 알찬 공약을 낸 친구에게 표를 주겠지?

선거 결과는 깨끗하게 받아들여야 해

혹시 자기가 지지한 후보가 떨어졌다고 선거 결과를 받아들이지 않는 친구는 없을 거야. 선거란 누구나 평등하게 표 한 장으로 자기 생각을 나타내고, 결과를 모두가 받아들이자는 약속을 바탕에 깔고 있거든. 어른들이 정치가를 뽑는 선거도 마찬가지야. 성숙한 민주주의 사회일수록 멋진 후보와 정책이 나오고, 정정당당하게 경쟁하며, 선거에서 져도 깨끗하게 결과를 받아들이지. 당연히 당선자는 공약을 잘 지켜야 하고 말이야.

사법부

우리나라의 사법부는 법원

사법부는 사람들 사이에 다툼이 생기거나, 범죄가 일어났을 때 재판을 열어 법에 따라 판결을 내리는 기관이야. 우리나라의 사법부는 법원이야.

재판은 세 번까지, 증거가 있어야 범죄로 인정

재판은 억울한 사람이 없게 한 사건에 세 번까지 받을 수 있어. 그리고 확실한 증거가 있어야 범죄로 인정되고 판결이 내려지기 전까지는 범죄자로 여기지 않아.

대통령도 간섭할 수 없어

우리나라의 사법부인 법원은 대통령을 비롯해 어느 누구도 간섭할 수 없는 독립 기관이야. 억울한 국민이 생기지 않게 법관이 양심에 따라 판결할 수 있어야 하기 때문이지.

행정부

우리나라 행정부의 책임자는 대통령
행정부는 법이 정한 나랏일을 집행하는 국가 기구야. 대통령제 나라에서는 대통령이, 내각제 나라에서는 총리가 행정부의 최고 책임자이지.

행정부 안에는 여러 부서가 있어
우리나라 행정부 안에는 기획 재정부, 교육부, 과학 기술 정보 통신부, 외교부, 통일부, 국방부, 문화 체육 관광부, 보건 복지부, 환경부 등 수많은 부처가 있어.

나라 살림을 꾸리는 행정부
각 분야의 부처에서 공무원들이 저마다 맡은 일을 하며 실핏줄처럼 나라 전체를 움직여. 행정부 공무원은 국민이 내는 세금으로 월급을 받아. 따라서 당연히 국민을 위해 일을 해야 해.

입법부

법을 만드는 입법부
국민의 대표자들이 모여 법을 만드는 곳을 입법부라고 해. 우리나라의 입법부는 국회야. 국민들이 투표로 뽑은 국회 의원들이 모여 있는 기관이지.

입법부에서는 무슨 일을 할까?
국회 의원은 법을 만들거나 고치고, 없애는 일을 해. 입법부는 국민의 세금을 어디에 쓸지 결정하는 일도 맡고 있어. 또 세금이 정해진 곳에 잘 쓰이고 있는지 감시하는 일도 하지.

대통령도 물러나게 할 수 있어
입법부에서는 행정부의 국무총리, 장관 등을 불러 나라 살림에 대해 질문하거나 조사할 수 있고, 대통령이 잘못하면 물러나게 할 수도 있어.

삼권 분립

세 개의 권력 기관은 서로 간섭할 수 없어
국가 권력은 사법부(법원), 입법부(국회), 행정부(정부) 이렇게 세 곳으로 나뉘어. 이 세 기관은 각각 독립되어 있으며 서로 간섭할 수 없지.

국가 권력을 함부로 사용할 수 없게 하는 삼권 분립
국가의 권력을 한 곳에 몰아주면 힘을 함부로 사용할 수 있어. 그래서 서로 견제하며 국민을 위해 일할 수 있게 세 개의 권력 기관으로 나누어 놨지. 이걸 '삼권 분립'이라고 해.

서로서로 견제하면서 국민을 위해 일해
우리나라에서는 대통령도 법원의 결정에 간섭할 수 없어. 국민의 대표인 국회 의원은 법원을 비롯해 정부 기관을 조사하고 감시한단다.

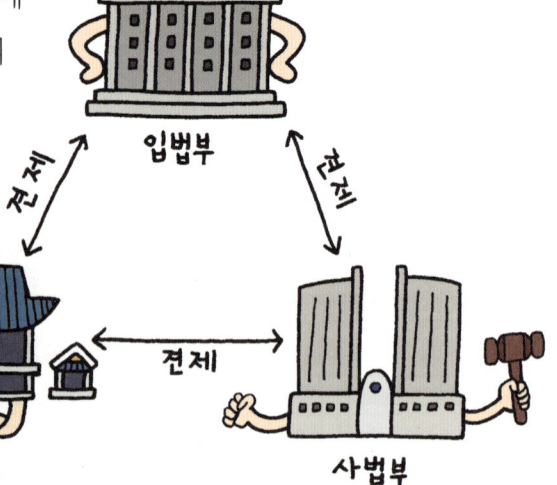

특별 검사

어디에도 소속되지 않은 특별 검사

일반적으로 검사는 검찰청에 소속되어 범죄를 수사하고 사건을 재판에 넘겨. 하지만 특별 검사는 검찰청에 소속되지 않아. 왜 이런 '특별 검사'가 필요할까?

검찰이나 경찰이 공정하게 수사하기 어려운 사건

검사의 승진은 검찰 총장과 법무부 장관이 대통령과 상의한 뒤 결정해. 따라서 대통령이나 검찰의 높은 사람이 잘못을 저지르면 검찰청에 소속된 검사가 제대로 수사하기 어려울 수 있어. 그래서 검찰이나 경찰이 공정하게 수사하기 어려운 사건은 특별 검사를 임명해 수사하게 한단다.

정치·사회 116

고위 공직자 범죄 수사처

고위 공직자의 범죄만을 수사하는 국가 기관

특별 검사 제도로도 고위 공직자의 범죄를 수사하고 재판에 넘길 수 있어. 하지만 특별 검사를 임명하려면 여러 과정을 거쳐야 하고 수사할 수 있는 기한도 정해져 있지. 그래서 2021년 1월 21일, '고위 공직자 범죄 수사처'를 만들었어. 고위 공직자와 그 가족의 범죄만을 수사하는 국가 기관이지.

물러난 고위 공직자도 수사 대상

고위 공직자 범죄 수사처에서 말하는 고위 공직자는 대통령, 대법원장, 대법관, 헌법 재판소장, 헌법 재판관, 국무총리, 검찰 총장, 판사, 검사, 주요 자치 단체장, 교육감, 장성급 장교, 대통령 비서실 및 국가 정보원 등의 3급 이상 공무원 등이야. 이 가운데 현직에서 물러난 사람도 수사 대상이란다.

비대면 서비스

서로 얼굴을 보지 않아
비대면이란 얼굴을 마주 보고 대하지 않는 것을 뜻해. 코로나19 바이러스가 널리 퍼지자 사회 곳곳에 비대면 서비스가 이전보다 대폭 확대됐어.

비대면 서비스 업체의 성장
전염병으로 경제가 크게 움츠러들었지만 몇몇 업체는 오히려 크게 성장했어. 그중에서도 배달, 전자 상거래, 인터넷 은행, 인터넷 게임 같은 비대면 서비스 업체는 더 눈에 띌 만한 성장을 이뤘지. 이제는 기업뿐만 아니라 정부 민원, 학교 교육, 문화 행사 등도 비대면으로 이루어지고 있어. 앞으로 비대면 서비스는 더욱더 발전할 거야.

보이스 피싱
voice phishing

전화로 사기를 쳐서 돈을 뜯어내

"따르릉."

"검찰입니다. 당신의 통상이 사기 사건에 휘말렸습니다. 피해 자금을 다 물어 줘야 할지도 모릅니다. 지금 불러 주는 안전 계좌로 통장에 있는 돈을 옮겨 놓으십시오. 조사가 끝난 뒤에 돌려주겠습니다."

잡고 싶다, 보이스 피싱!

이처럼 전화로 사람들을 속여서 돈을 빼앗는 일을 '보이스 피싱'이라고 해. 보이스 피싱은 나날이 교묘하고 악랄해지고 있지. 문자로 친구나 가족이라고 속여서 돈을 뜯어내기도 하고, 휴대폰에 악성 앱을 심어서 개인 정보를 알아낸 다음 돈을 빼가기도 해. 보이스 피싱, 절대 속지 마!

공공 의료

왜 공공 의료가 필요할까?
국가나 지방 자치 단체에서 운영하는 의료 시설을 '공공 의료'라고 해. 개인 병원이나 큰 종합 병원도 많은데 왜 공공 의료가 필요할까?

큰 도시에만 몰려 있는 의료 시설
우리나라는 의료 보험이 잘 갖춰져서 환자가 싼값에 질 좋은 의료 서비스를 받을 수 있어. 하지만 의료 시설이 도시에 주로 몰려 있고 지방에는 병원이나 의사가 부족해. 또 도시에도 의료 서비스를 받지 못하는 저소득층이 적지 않아.

잘 갖춰진 공공 의료 시설
이런 문제를 해결하기 위해 정부가 이끄는 공공 의료 시설이 필요해. 우리나라는 국립 대학 병원, 지방 의료원, 보건소 같은 공공 의료 시설을 갖추고 있어.

동물권

동물도 생명으로서 존중받을 권리가 있어

인간에게 인간답게 살고 존중받을 수 있는 권리 즉 '인권'이 있듯이, 동물들도 살아 있는 생명으로서 고통받지 않을 권리가 있어. 이런 권리를 '동물권'이라고 해.

동물도 소중한 생명체야

동물권을 주장하는 사람들은 아주 많은 수의 동물을 좁은 우리에 가둬 기르거나 반려 동물을 키우다가 버리는 짓도 매우 잔인하고 무책임하다고 말해. 또 과학 실험을 위해 동물의 생명을 빼앗는 일도 반대하지. 동물도 사람처럼 감정을 느끼니 함부로 죽이거나 먹지 말아야 한다는 거야.

우리에게도 자유롭게 살 권리를 주세요!

무상 급식

급식을 무료로 드립니다!

세금으로 학생들에게 급식을 제공하는 일을 '무상 급식'이라고 해. 10여 년 전, 우리나라에서는 무상 급식을 둘러싸고 큰 다툼이 있었어. 한쪽에서는 모든 초등학생, 중학생은 무상 교육을 받을 권리가 있으니 점심도 무료로 줘야 한다고 주장했어. 다른 한쪽에서는 저소득층 학생만 골라서 무료 점심을 주자고 주장했지.

이제 무료로 급식을 먹는 건 자연스러워

하지만 지금은 우리나라에서도 무상 급식이 자연스러운 일이 되었지. 현재 무상 급식은 초등학교와 중학교에서만 이루어지고 있단다.

누구나 동등하게 먹을 권리!

의무 교육

초등학교와 중학교는 꼭 다녀야 해

만약 학교에 다니기 싫으면 어떻게 해야 할까? 이 고민에는 엄마 아빠라도 해결 방법이 없어. 우리나라 국민이라면 초등학교와 중학교까지는 무조건 다녀야 하거든. 헌법에 '모든 국민은 교육을 받을 권리를 가지며, 부모는 자녀에게 교육을 받게 할 의무를 진다'고 못 박고 있어.

의무적으로 꼭 받아야 하는 교육

'의무 교육'이라는 표현에는 우리 사회에서 살아가려면 의무적으로 일정한 교육을 받아야 한다는 뜻이 담겨 있기도 해. 다만 어쩔 수 없이 학교에 다니지 못할 때는, 검정고시를 치러서 합격하면 교육 과정을 인정해 줘. 다른 나라에서도 대부분 의무 교육이 시행된단다.

개인 정보

내가 나를 증명할 수 있는 정보
'개인 정보'란 내가 누구인지 증명하는 정보를 말해. 이름, 주민 등록 번호, 전화번호, 신용 카드 정보, 주소 등. 요즘은 과학 기술의 발달로 지문, 홍채, 혈액형, 음성, 얼굴 등까지 개인을 분별하고 알아볼 수 있는 개인 정보로 쓰고 있어.

개인 정보를 함부로 알려 주면 안 돼
개인 정보가 새어 나가면 심각한 피해를 입어. 범죄에 이용되기도 하고 재산을 잃을 수도 있지. 그러니까 내 개인 정보를 무심코 알려 주면 안 돼.

개인 정보는 법으로 보호받는다
우리나라에는 '개인 정보 보호법'이 있어. 이 법은 개인 정보를 함부로 다른 사람에게 알려 주지 못하게 하고 있어.

고령 사회

우리나라는 고령 사회로 진입했어

우리 사회는 65살이 넘으면 일하기 힘든 노인으로 구분해. 노인이 전체 인구의 14피센트기 넘으면 고령 사회인데 우리나라는 2023년에 노인 인구가 18.4퍼센트쯤 되었어.

아이를 낳지 않는 사람들이 많아졌어

노인 비율이 높아진 건 의료를 비롯 생활 환경이 좋아져 사람의 수명이 늘었기 때문이야. 더불어 아이들이 많이 태어나지 않아 노인 비율이 더욱 빨리 올라갔지.

아이를 마음 놓고 키울 수 있는 사회가 되어야 해

고령 사회일수록 경제 활동을 하는 사람이 줄어드니 나라 살림이 안 좋아질 수밖에 없어. 유일한 방법은 정부에서 아이를 마음 놓고 낳아 키울 수 있는 각종 제도를 만들어 출산율을 높이는 거야.

저출산 사회

우리나라는 아이를 잘 낳지 않는 사회야
아이를 잘 낳지 않는 사회를 '저출산 사회'라고 해. 우리나라는 한국 전쟁 뒤로 출산율이 크게 늘었다가, 1990년대 이후로 빠르게 줄어 아이를 많이 낳지 않는 저출산 사회로 접어들었어.

아이를 기르기 힘든 환경
출산율이 낮아진 건 여러 이유가 있지만 개인주의가 널리 퍼지고 아이를 기르는 비용이 많이 들기 때문이야. 출산율이 낮아지면 생산과 소비 활동 인구가 줄어 경제가 어려워져. 아빠 엄마 모두가 함께 육아에 참여해야 한다는 인식도 더 자리 잡아야 하고. 하루 빨리 누구나 마음 편히 아이를 낳아 기를 수 있으면 좋겠어.

지식을 불태우는
매운맛 시사 상식 사전

2022년 6월 29일 1판 1쇄
2023년 11월 30일 1판 2쇄

글쓴이 채현기 | 그린이 이경석

편집 최일주, 이혜정, 김인혜 | **디자인** 권소연
제작 박흥기 | **마케팅** 이병규, 양현범, 이장열, 김지원 | **홍보** 조민희 | **인쇄** 코리아피앤피 | **제책** J&D바인텍

펴낸이 강맑실 | **펴낸곳** (주)사계절출판사 | **등록** 제406-2003-034호
주소 (우)10881 경기도 파주시 회동길 252
전화 031)955-8588, 8558 | **전송** 마케팅부 031)955-8595, 편집부 031)955-8596
홈페이지 www.sakyejul.net | **전자우편** skj@sakyejul.com | **블로그** blog.naver.com/skjmail
페이스북 facebook.com/sakyejulkid | **인스타그램** instagram.com/sakyejulkid

ⓒ 채현기, 이경석 2022

값은 뒤표지에 적혀 있습니다. 잘못 만든 책은 구입하신 서점에서 바꾸어 드립니다.
사계절출판사는 성장의 의미를 생각합니다. 사계절출판사는 독자 여러분의 의견에 늘 귀 기울이고 있습니다.
이 책은 저작권법에 따라 보호받는 저작물이므로 무단 전재와 복제를 금합니다.

ISBN 979-11-6094-893-6 73030
ISBN 978-89-5828-770-4(세트)